中意法学经典译丛

习惯与新型合同
Consuetudini
兼论法的
e nuovi contratti
技艺性的回归

〔意〕菲利波·加洛（Filippo Gallo）/著

徐铁英/译

"中意法学经典译丛"委员会

主 编

奥利维耶罗·迪利贝托（Oliviero Diliberto），罗马第一大学法学院教授、院长

黄美玲，中南财经政法大学罗马一大法与经济学院教授、院长

学术委员会成员

圭多·阿尔帕（Guido Alpa），罗马第一大学民法学荣休教授

路易莎·阿维塔比莱（Luisa Avitabile），罗马第一大学法哲学教授、法学部主任

马西莫·多尼尼（Massimo Donini），罗马第一大学刑法学教授

马西莫·卢恰尼（Massimo Luciani），罗马第一大学宪法学教授

何勤华，华东政法大学教授，全国外国法制史研究会会长

徐涤宇，中南财经政法大学教授、副校长，中国法学会民法学研究会副会长

黄　风，北京师范大学刑事法律科学研究院教授

唐晓晴，澳门大学法学院教授、院长

薛　军，北京大学法学院教授

编委会成员

多梅尼科·杜尔西（Domenico Dursi）

詹马泰奥·萨巴蒂诺（Gianmatteo Sabatino）

李　俊　游雨泽　顾双双　徐育知

编委会秘书

余　洁

作者简介：

菲利波·加洛（Filippo Gallo），1924年9月16日—2019年8月15日，出生于意大利库内奥省索马里瓦-德尔博斯科市（Sommariva Bosco），都灵大学罗马法教授，都灵科学院国家常驻院士，意大利法律史学会前主席。

译者简介：

徐铁英，四川大学法学院副教授，四川大学法学院罗马法与意大利法研究所所长，罗马第二大学法学博士，硕士生导师。发表论文、译文三十余篇，出版译著一部。主持国家社科基金项目一项、教育部人文社科项目一项、部委重点项目一项。

中意法学经典译丛总序

"中意法学经典译丛"有着一个明确的目标,即跨越语言的藩篱,将意大利法学诸领域顶尖学者的经典著作呈现给中国的法学家和读者。

所谓"经典"译丛,翻译作品的选择遵循的必定是"经典"这一标准:呈现给各位读者的,是那些来自不同时代,属于不同理论方向,但对当代法学家的培养而言仍然不可或缺的作品。这些历经时间考验的作品,即使距其首次出版已有几十年之久,但仍然在意大利法学研究与教育中扮演着不可替代的角色。

以即将出版的几部作品为例:

圣罗马诺(Santi Romano)的两部著作《宪法秩序的事实构建》和《宪法与其他法学》,分别出版于 1901 年与 1903 年,虽距今已逾一个世纪,但仍被世界各地的公法与法理学家研习,因为二者是法学研究无法回避的出发点。

晚近出版的一些著作也已成为经典。斯蒂法诺·罗多达(Stefano Rodotà)的《可怕的所有权》一书,详细阐述了欧洲社

习惯与新型合同:兼论法的技艺性的回归

会所有权制度从绝对个人主义到注重社会效用的理念转变,回应了我们这个时代所面临的社会问题。保罗·格罗西(Paolo Grossi)《法的第一课》以简洁的语言描绘了法学的轮廓,成为法科学子的入门"圣经"。

迭戈·夸廖尼(Diego Quaglioni)的《中世纪及近代早期的"正义"》一书,甫一出版便在意大利学界引起巨大轰动,现已成为西方法律思想史领域最重要的著作之一。此外,菲利波·加洛(Filippo Gallo)的《习惯与新型合同》、阿尔多·斯基亚沃尼(Aldo Schiavone)的《罗马共和国的法学家和贵族》、弗朗克·莱达(Franco Ledda)的《行政法中的合同问题》等佳作,都是意大利法学发展长河中的闪耀明珠。

虽然这些作品主题不同、年代不同,作者理论构建的方式也不尽相同,但它们毫无疑问都是经典匠作,并成为了解意大利法学(且不限于此)的必读书目。几个世纪以来,每一代法学家都以不同于上一代法学家的方式建构自己的思想,以修改、更新、纠正过去的观点,但都从未忽视过去沉淀的知识积累。

中国现已成为以法典为基础的大陆法系大"家族"的一分子,在这个意义上,当代中国的法律文化与以意大利为代表的西方数千年的法律传统之间的关系具有超凡的魅力。事实上,2021年1月生效的《中华人民共和国民法典》便是中西传统文化交融的产物,延续数千年的中华文化与建立在罗马法基础之上的欧洲私法传统在这部法典中相得益彰,共同助力于中国特色社会主义制度的发展完善。这部法典的颁布,对于全世界的法学家——而且不限于法学家——而言,无疑是一件划时代的大事。这部法典是法律条文的系统与有序集合,它源自罗马私法,但在体系与内容上同时具有中华历史文化与传统习俗的特色。

事实上,中国拥有比西方更为古老的千年文明。这种从未间断且延绵至今的古老文明,是一种建立在儒家思想之上的文明,是一种道德准则的文明,这与建立在法律规则之上的西方文明大相径庭。因此,对于法学家而言,古老的中华道德文化传统与西方法律传统的相遇无疑是一场独一无二的知识奇遇。

习近平主席曾于2019年3月20日在意大利最著名的报纸《晚邮报》上发表了题为《东西交往传佳话　中意友谊续新篇》的重要署名文章并写道,"中国和意大利是东西方文明的杰出代表,在人类文明发展史上留下浓墨重彩的篇章"。在这篇文章中,习近平总书记在回顾中意两国自古罗马帝国以来两千多年的交往史后指出,扎根在深厚历史沉淀之中的中意友谊培育了两国"互尊互鉴、互信互谅的共通理念",而这一共通理念也"成为两国传统友谊长续永存、不断巩固的保障"。

让中国的法学家们更好地了解意大利法律传统中最优秀

与最历久弥新的成果,进一步促进中意两国在法学领域的合作交流,是对中意两国友好交往传统的赓续,也是组织本套中意法学经典译丛的目的所在。

只有在认识、开发与重塑过去的基础上学会创新,法学才能在世界任一角落发展。一言以蔽之,法学是连续性中的革新。十二世纪的西方哲学家沙特尔的伯尔纳多(Bernardo di Chartres)有句后世广为流传的名言:"我们这个时代的人之所以能看得更远,仅仅是因为我们是站在巨人肩膀上的侏儒。"因此,在本译丛中,我们为中国的法学家们呈现了几位意大利法学领域的思想巨人,而我们都站在他们的肩膀上。

奥利维耶罗·迪利贝托(Oliviero Diliberto)

目 录

导　言 ································· 001
　　注　释 ······························· 019

一、研究目标 ····························· 035
　　注　释 ······························· 037

二、预先说明的几个问题 ···················· 041
　　注　释 ······························· 044

三、优士丁尼《法学阶梯》对于习惯的理论化 ···· 051
　　注　释 ······························· 057

四、优士丁尼的视角与教科书中的习惯 ·········· 071
　　注　释 ······························· 077

五、博比奥挑明的习惯理论的视角错误 ·········· 087
　　注　释 ······························· 090

六、优士丁尼对于后世习惯理论的影响 ·········· 091
　　注　释 ······························· 099

七、法的技艺性质与作为规范事实的习惯学说 ····· 109
　　注　释 ······························· 127

八、法规范与习惯规范的差异以及典型合同之确定……… 143
    注　释………………………………………………… 152
九、融资租赁合同的诞生与法的习惯式创制…………… 163
    注　释………………………………………………… 181
译后记 …………………………………………………… 199

导　言

一、为何将一本关于习惯与新型合同的小册子独立出版

《习惯与新型合同》一文刊载于《罗马与美洲：罗马共同法》(第31-32册，2011年)杂志上，我用本篇"导言"说明将它独立出版一事的缘起。

2011年的12月，我借着圣诞祝福的机会，向桑德罗·斯齐巴尼(Sandro Schipani)教授提出收稿的请求，对象就是我自该月开始为远在库内奥(Cuneo)的都灵大学法学院将讲授的课程所作的准备。[1]随着工作的推进，最初的计划逐渐扩张为一篇更大(也更具雄心)的文章。斯齐巴尼教授将它收录进由他主编的前述刊物。

这篇文章提出了一些新的理念——至少现在看来是这样的(它们源于那些曾经遗失、而后又被重新寻回的罗马法遗产的诸要素)——它们涉及法本身的观念和样貌，所谓的法律人(signori del diritto)的各自的角色闪现其中：立法者、法官、法学家。我毫不掩饰自己的抱负是重铸法律科学，其目的是将她从根深蒂固且不为人知的发端自优士丁尼"法律的学说"

(legum doctrina)的遗毒中解放出来。

正如其他学科一样,法学者也受到持重的解决方案(soluzioni sostenuti)的约束。然而,作为"法的仆人",我会在尽可能客观的限度之内,将对最佳答案的(对于数千年来法之所以存在的目的而言最为恰当的)追寻置于首位。从这个角度出发,各种批评与异议——正如它们所造成的争议一样,虽然并未规定在意识形态的先入之见中——汇聚在一起,在法律史的研究中来探寻真理,在构造现行法的同时,探寻在人类的共同生活中最贴合各种具体需求的答案。

本文的单独成册出版有利于跳出罗马法学家的小圈子(易言之,中世纪法和当代法学者、实证法研究者,还包括法哲学与法理学研究者)展开认识和评判(随之而来的可能是赞同、异议甚至不屑一顾),一方面,针对我在这些为前人忽视的问题上所作的对罗马法的重构;另一方面,针对我在这个领域提出的对法律科学的重铸。

此外,本文的单独成册出版还使其有可能与早先的《杰尔苏与凯尔森》[2]一书一道进入一个正在形成中的法律培养进程。这也是一位依然耕耘在教学领域的同事向我提出的建议。我认为朝着这个方向努力十分重要。彻底的思维转变,即以法的技艺性质的视角替代"法律的学说",需要长期的努力。学者们时常感到很难抛弃或者背离已经传递数个世纪的观念。

导　言

与此相反,在大学接触法学研究的青年人则对于受教的东西更具开放态度,通常也较易于为新观点所吸引。此外,他们(至少其中的大多数)不光有能力在类型繁多的手机中作出选择,也能够从不同老师提出的不同方案中作出选择。

本书保留了最初的题目《习惯与新型合同》,增加了副标题"兼论法的技艺性的回归"。[3]

二、其他法学科学者对于罗马法学的期望

习惯与新型合同的相关研究属于本人长期致力于重新寻回失落的罗马法遗产,进而重铸法律科学这一研究工作的一环。可以说,它们是已经灭绝的问题,需要好几代学者的投入。[4]在相关问题的研究中,我一开始就尝试着说明白达成前述目的之必要性。对于通过习惯形成的法(对此我投入了相当大量的研究[5]),在那两方面,研究进度尚不尽如人意。

迄今为止,我的研究依然是茕茕孑立。而在我看来,无论是在历史还是理论的层面上,它们均具有非凡的意义。然而发表于《Index》[6]的《两个千禧年中的罗马法与法学家培育》一文中却没有引发多少回响。[7]可能得反思一下,我视之甚高的这些新研究,是否以及在多大程度上能够回应今日诸多法律领域的耕耘者对于罗马法[8]的期望。这个无垠的主题[9]自然

习惯与新型合同:兼论法的技艺性的回归

不可能为本篇"导言"所穷尽。虽说如此,意大利法学界的三位权威的杰出学者在前述文章的争论中对这个问题给出了自己的见解。他们是公法领域的行政法学家萨宾·卡塞瑟(Sabino Cassese)、私法领域的民法学家纳塔利诺·伊尔蒂(Natalino Irti)以及中世纪法与近代法史的大家保罗·格罗西(Paolo Grossi)。我将先介绍一下相关背景,再分别对他们的见解一一评判。

我参与了这场争辩,亲身感受到了罗马法学界对这几位的言论的震惊之情,它们无疑给受贺的罗马法巨擘路易吉·卡波格拉西(Luigi Capogrossi)带来了些许窘迫;以及《Index》主编暨国际罗马法大奖"Gérard Boulvert"得主吉诺·拉布鲁纳的应景的回应,他充满激情地反击这些对罗马法及其研究者发起的远远称不上公道的攻讦,目的尤在鼓舞那些——这是我的看法——已经或打算投入罗马法研究的年轻人。

对于罗马法和罗马法学家——我对于忝列其中深感荣幸——抛出的批判和错愕,恕我无法认同。部分批判(特别是卡塞瑟提出的)在我看来是站得住脚的;其余的,在我看来,不过是许多同人都赞同的流布广泛的观点的公开表达。我一直相信并且现在依然相信,去了解其他法学科专家的真实想法是有益的。在培养未来的法律人一事上,他们与我们之间存在着自发却未挑明的竞争关系(这很好,因为它敦促我们让自己变

导　言

得更好)。我一直相信并且现在依然相信,认识到自身活动中遭遇的困难与认识到遭遇批评时的困难同样有益。我们时时需要扪心自问,自己在阐明论点的时候是否已经尽可能地做到明确、适宜、客观,以至于对它发起的批判根本站不住脚。

《Index》没有刊出拉布鲁纳的反驳,而且据说三位学者的上述观点与其口头发言相比已经是"比较和缓的"了,不过仍然可以在卡波格拉西的总结的开头感受到它们的严苛。[10]

卡塞瑟一开始就说"显示出……罗马法学过去在法的多个分支学科,尤其是对于行政法的发展中所具有的重要性",[11]然后在结束时抱怨道"罗马法学在当今的故步自封以及曾经将它与其他法学科联系在一起的丰饶关联的断裂"。[12]

卡塞瑟简明高效地将罗马法学与其他法学科之间曾经的丰饶与今日的贫瘠的鲜明对比表达了出来。尽管他对罗马法学者对于"现代法学者尤其是行政法学者"施加的"个别的影响"持否定性评价(在我看来,这与他自己的话是矛盾的)。他认为,"影响了实证法学科的罗马法学"源自萨维尼,而它不过是对罗马法的曲解,提出的是一个"高度体系化……具有强烈学说属性"的重构,一方面与"这个法的裁判主义倾向"相违,另一方面不符合"罗马法学家的实践式进路"。简言之,萨维尼对罗马法的重构是矫揉造作的。卡塞瑟认为,归因于"决疑式方法"(casistico)的重新引入,[13]可以在普通法(common law)中找到一个对罗马法的"背弃得较少"的解读版本。

"在那些待研究的主题上,在如何研究它们的方式上以及在重新接起那些已断裂的关联上"。[14]卡塞瑟说的这一切,给闭门造车而孤立起来的罗马法学走出大门并重新取得它曾经在法学中享有的重要角色留下一线之机。尽管尚未深入到具体的问题中去,卡塞瑟在这方面还给出了其他意见,我引用其中一部分。"罗马法学不仅仅是(更确切地说,不应当是)罗马法的历史研究……""在这里(意大利)",罗马法"科学""无法深入下去,因为从历史主义需求论的视角看,它已经痛失当今时代"。"罗马法……需求的是必定为历史性质的研究……然而历史学家是对过去事件的解释者""根据今日的问题审视"它们。[15]罗马法学家"对于当前的问题充耳不闻,躲进小楼成一统",于是变得"对于法的其余分支学科而言越来越无关紧要。而有些时候,它又反过来犯下过度现实主义的错误……"

前述批评和意见表达的是卡塞瑟对罗马法研究者的期望。对此,由我开启的就优士丁尼的"法律的更易"(legum permutatio)的重构以及重新寻回罗马法遗失的(被"法律的更易"抹去)成分的相关研究可对之作出回应,这是毫无疑义的。此等回应,还可以在重铸当前法律科学的尝试——将它从不为人知的"法律的更易"所导致的不当和扭曲中解放出来——中找

导　言

到。一如常例,了解历史上的变迁和那些遗失的成分(它们从中而来)有助于其理解。[16]

在民法学家伊尔蒂看来,[17]罗马法与罗马法学的作用已经在如今的"知道去做"(sapere fare)的大学中耗尽了。可以将罗马法教育继续下去的地方是研究生院以及在某些专精的培训课程,在这里"罗马法来到智识贵族的手上,这些关心知道(sapere)而厌弃或不屑于知道去做的少数派手上"。[18]我们这个时代的以市场为基础的经济需要的不是"培养"(formazione)而是缩减为知道去做的"能力"(competenza)。他提出(我很荣幸地与他在都灵大学法学院共同教授私法学)了一系列的阐述,我摘选出其中三项:

——专家,即便不知道或者不怎么知道,然而具有一项"知道去做"。

——"当"实证问题"是能够付诸且确定无疑已经转化于技术才具与专业能力,而罗马法属于培养的渊源之一……"

——"如果存在延续性(continuità)的紧密联系""于昨日与今天之间,那么,若不了解昨日便无法了解今天",可是这等联系并不存在。

我此前曾经对伊尔蒂所持的法律虚无主义论点说"不"。[19]现在,我要对他主张的在法律领域中对培养和能力的区分说"不",这一区分本身与罗马法并无干系。[20]他把对现实的误读当作真理呈现于众人面前。

过往对现在的影响取决于它们之间的延续性,此说并非为真。抛开伊尔蒂主张的延续性之概念所不可少的限定不谈,前述延续性取决于历史的进程(vicenda storica),它在此中真实地发生,由延续性与非延续性交织编成。如今,作为规范的法的观念(规范或秩序的系统)的历史渊源是"法律的学说",由优士丁尼通过"法律的学说"构造并确立起来,然而却为学者所忽视,因此它在后世的连贯的进程依然有待发掘。

尽管专家[21]"知道"甚少甚至不知,却"会知道"去做,此说同样非真。毫无疑问,医生无需知道一座房子是怎么建起来的,泥瓦匠亦无需了解音乐,电工无需知道玻璃如何制作。但是他们都需要具有为从事各自的职业所必备的知识和技能。就拿我青年时期(20世纪,第二次世界大战爆发以前)十分熟悉的农民来说,他们拥有的一长串知识和技能总是令我深深感叹:从耕种各种作物(小麦、玉米、黑麦、葡萄、树木、菜园)到饲养种类繁多的动物(通常有牛、猪、鸡、兔与蚕),到存储收获以供家用并将多余的部分出售[22](这最终需要选择最恰当的时机,而这可不是件简单的事情)并将其用于前述各项活动(在

导　言

供人及其家庭所用之外)。

伊尔蒂并没有指出"知道去做"到底由什么构成。可是,似乎很难想象在未来的法律圈中,在政府职员、法官、律师和公证员的养成中,不会作理论与实践方面的要求。

伊尔蒂也没有明确地说出应当如何养成法律专家——在他的视角下是不存在"培养"的——去"知道去做"。但是,这似乎是要将理论排除出去,例如,所有权与债,以及一般意义上的理论成果(通常构成法学课堂上的主要研究对象)。对于"做"而言,则需要拥有对于现行规范的知识,它们受到司法裁判的制约。但是,此等视角(且不论实际上没有谁能够了解意大利现行有效的难以计数的规范)体现出两方面的制约。现行规范的内容变更迅速,[23]且这些规范本身没有预见到所有一切发生的情况并为其发生(例如,通过行政给付或是判决)给出一个答案。

伊尔蒂提出的批评不涉及他对于法的操作者(operatori del diritto)的"知道做"[24](和"做")以及"实践的问题"[25]的直觉。无可否认他确实抓住了这些需求,只是没有顾及将法理解为立法者颁布的规范之总体或系统的当前观念,[26]以及它对于所有其他一切人[27](他们应当将之作为)已经存在的东西的必然后果(如自然元素)之间的巨大障碍。[28]

这位杰出的民法学家不知道罗马法遗失的成分,只有罗马法学可开启对它们的寻回工作。在其之中,法的技艺性（artificialità del diritto）,正如法的那个贴合现实的定义所表达的那样,作为一门技艺（ars）,在人世间尽其可能地为这位学者揭示出的需求给出满意的答案。

法作为一门面向实践目的的技艺,数千年来在人类群体中被认为具有第一位的重要性。同其他技艺一样,法在适当的时候借由必要的知识和能力,在"做"（fare）当中展开。[29]在技艺（ars）当中,"做"为其巅峰（可以说是其客体）,前面说到的认识和才具都是辅助（仆从）它的。

"法之技艺"（ars iuris）的最主要的体现,由一般而抽象的规范的设置、案件的解决与判决以及学理建构所组成。"法律的学说"曲解事实的意识形态观如今依然占据主导地位。它在法当中,将归纳在法律之中的一般而抽象的规范置于一切之上。技艺的观察角度依据法的目的和人类的需求带来一项根本的转变。在法当中,置于一切之上的,是案件的解决,直接地影响人（各种人类群体的成员）的利益状态,法由之而来并为之而存在。相对于此等解决,一般而抽象的规范的设置与判决以及学理建构仅承担工具角色。[30]由伊尔蒂在论及"法学家的培养"之时挑明的经久不衰的"实践的问题"（即法在每日生活中的运用）,遂在人类世界中找到了可能的最佳答案。

保罗·格罗西[31]提出了许多批判,也给罗马法学家提了

导 言

不少意见,故此免去了前面的许多错谬之处。他的文章的三分之一(第5节)"特别地"用来批评"当前的新潘得克吞主义"(neo-pandettismo)。我从他的论述中得出印象是,(至少大多数的)罗马法学家没有研习过或者也不会去研习罗马法应当怎样。我得说,基于我对与之保持联系故而颇为熟悉的许多的意大利国内外的罗马法学家的认识来看,这个印象站不住脚。在那些已过世的罗马法学家当中,在座师朱塞佩·格罗索(G.Grosso)之外,我记起了弗朗兹·维亚克尔(F.Wieacker)、马科斯·卡泽尔(M.Kaser)、阿尔瓦罗·多尔斯(A. D'Ors)、维辰佐·阿兰乔-路易兹(V. Arangio-Ruiz)、朱塞佩·普列泽(G. Pugliese),属于我这一辈则有近来去世的马里奥·塔拉曼卡(M. Talamanca)与阿尔贝托·布尔兑塞(A. Burdese)。坦率地讲,我无法说服自己去相信这些人以及许许多多其他罗马法学家不知道如何以恰当的方式研习罗马法。[32]

如今的新潘得克吞方法仿佛是一个被刻意制造出来的靶子,通过它来打击罗马法。近一个世纪以来,罗马法学家大体上做的事情——作为具体任务——是对罗马法的还原。与此同时,其中一些人亦耕耘于实证法领域,[33]并在解决其问题之时,若有必要则从罗马法的元素中汲取灵感,或变通地(mutatis mutandis)运用它。[34]格罗西谈到了"在现在与过去之间紧迫的辩证比较",强调它能够给出"一个更全面且使人信服的对当今的理解",他接着指出(尽管其表述有所限定)在罗马法中有"一个伟大的历史经验值得研究,它可以给当代法的研究者带来丰硕的收获"。[35]

可是,这些话其实是含混不清的。[36]我现在细说第二句以及随之而来的——在他看来——对于在新潘得克吞方法的意义上使用罗马法(它给予的丰硕收获)的人发出的"诅咒":"但是,要当心这样的历史性质的丰硕收获是否在一种有待移植到今日的模式中被扰乱"。无须对此提出具体的批判。无论是从内容(组成罗马法的那些元素)还是(具体为之服务的)目的的角度看,罗马法为其研习者敞开提供的丰硕收获的比喻都没有说清楚。除此之外,两句话是矛盾的。"丰硕"这个标记本身的意思指的是财富/获取财富的工具的充裕(一般而言,用于满足自身的需求以及一时之兴)。以比喻的方式将它运用于法学领域中,意思是服务于法的特定目的的元素的充裕。于是,对于那些将它们(元素)提升为模式的人(也是那些仅仅从中获取灵感的人)发出的诅咒,便排除了它在现行法中任何的具体运用。大肆宣扬的罗马法的丰硕——与自其而生的期待相反——遂限于知识(conoscenza)。[37]格罗西的论证似乎未曾虑及实证法的研究中出现的那些问题。[38]

格罗西对罗马法学家提出的意见被概括在了他给勒高夫(Jacques Le Goff)的答复之中,他向后者"挑衅式地"提问

导　言

"……一个杰出而功莫大焉（然而在法的领域占据极小份额）的历史学派的遗产，对于今天的法史学者，还能够提出什么要求……'干脆做你自己'"。易言之，这位意大利著名学者解释道，他们应当"就作法的历史学家"。在这位大师的想法中，这一劝诫与他在"法的历史性的重现"中所发现的"哥白尼式革命"息息相关。[39]

有必要对此反思。

罗马法学界对法的历史性已有长期的认识。[40]我从格罗索的学派中已对其有所了解并且在自己的作品中持续地运用它（至少在我看来如此）于罗马法和当代私法和公法。我在本书中从历史的角度思考了习惯——可追溯至合法性（giuridicità）的源头，和新型合同，它们属于当代法。然而在我看来，法的历史性的寻回（格罗西称之为哥白尼式的革命，我认为这样说是错误的[41]）迄今尚未对实证法打下深刻的印记。与他相反，举例来说，我在阅读宪法学者的作品并且咨询了他们之后发现了宪法及其准则的绝对化趋势。其间，他们并没有像仿佛应该做的那样去考虑制宪者当时的法律的和哲学的观念，以及该部宪法制定时的历史因素与具体情况。

罗马的、中世纪的、近代的和现代的法一直都具有历史的性格。搞清楚这一点之后可得出一个具有双重面向的结论：总是应当将法作为它实际呈现的样子来研究。易言之，作为历史性元素来研究,以及耕耘它的人总得具备法之专家的基本而不可或缺的能力。让我说得更清楚些:作为现行法的耕耘者,或是罗马法、中世纪法、近代法、古代中国法以及当代法等的研究者,得是一名法学家。[42]

如前所述,法具有历史性的特征,然而这并非其本质。法属于人造的诸元素之一,这些元素在这个世界上与那些自然的元素有所区别。历史性对于第一类(人造的)和第二类(自然的)而言是共通的,如冰川、河床与河堤、林中树与树林本身。[43]法的本质应当在它和其他诸元素所共同的属(genere)中找寻,这就是技艺性(artificialità)[44]。

再次强调:在优士丁尼通过"法律的更易"[45]在法学领域掀起革命之后,法的技艺性已经被从法科学中移除。如今为了恢复它,需要一场反方向的革命。[46]

现在可以回应前面提出的问题:是否以及在多大程度上,相关的研究,能够回应格罗西这位中世纪法/近代法大家对于罗马法(对于研习它的罗马法学者)的期望。

初看之下,答案似乎是否定的。根据格罗西的观察,那些一边研究罗马法的诸元素,一边又研究现行法的罗马法学者——就好似我在这本书中所做的工作,为了了解其中之一而从另一个里面取得灵感——背弃了自己作为历史学者的任务,而历史学者的目标(应有的目标)是通过"在现在与过去之间紧迫的辩证比较"来对前者"强化其典型性",正如对后者亦然。[47]尽管如此,寻回那些遗失了的罗马法的若干元素——它们本身十分重要,其在后世的演化也是一样,诸如优士丁尼主导的"法律的更易"以及因为它而从法学中移除的那些元素——在我看来,完全符合这位中世纪法/近代法史大家的期待。

此等寻回工作还呈现出另外一面。优士丁尼在改革法学教育的 Omnem 敕令的末尾,自豪地宣称自己已经完成了一场前无古人的法制转变,它由"法律的更易"构成,将适用于今后一切时代。然而,后者实际上并未在优士丁尼的法典编纂中获得彻底的落实。我举两个例子:《学说汇纂》一开头就引述了杰尔苏对法的定义即"善良与公正的技艺"（ars boni et aequi）。对它的篡改的解释即"法之技艺"（ars iuris）由皇帝一身独享,却在记载这一定义的乌尔比安的法言中没有任何的支点。它其实是在优士丁尼指令与领导法典编纂活动的后续阶段的若干敕令中浮现出来的。[48]古时法的习惯式形成——由习惯式接受（moribus）组成且与法律具有同等效力——在优士丁尼的法典编纂中依然随处可见。在《学说汇纂》中还可以看见经过掩饰的尤里安的理论化工作。[49]简而言之,在《国法大全》这个西方法学在千年之后得以重生的第一个思维训练场之中,"法之技艺"和"法律的更易"这两种相反的观点并存其间,而在优士丁尼的计划中,后者本应当取代前者。我们知道,在法典化的最近的阶段(仍在进行之中),就本书的研究对象习惯而言,优士丁尼欲将其矮化且隶属于法律之下路线占据优势。即便如此,在以往的中世纪和近代阶段,持有异议者不乏其人,"违背法律的习惯"(consuetudo contra legem)即为其著例。[50]清醒地认识到《国法大全》当中存在着相互冲突的观点,这将引导我们对后续发展普遍接受的复原的成果展开反思,在如今已经寻回的若干元素的映衬之下,它呈现出许多令人疑惑之处,这大体是没有疑问的。[51]

"做"并不总是呼应抽象的宣示。法的历史性未为实证法学科的研究者感知到,法史学者则相反。[52]实际上,不大可能在不觉察其历史性质的情况下,去研究相当长的一段时间中的法。可是,这种历史性在实证主义的视角中被遗忘了,后者欲违背现实地将法固定在一个特定的时刻上。[53]然而,法的展开是一个持续的过程,故此,正如古罗马法学家彭波尼揭示的那样,其耕耘者应当有所作为从而"日益完善"(cottidie in melius produci)。[54]前面说了,罗马法学家以及过去时代的其他法的分支的学者长期以来都承认法的历史性质。格罗西大力捍卫面向实证法展开的寻回,视其重现人间为法律科学中的哥白尼革命。

前面已经说明,法的本质是囊括了历史性在内的技艺性。

从法律科学中将其移除的悠久根源同样可以追溯至优士丁尼的"法律的更易"。它在法和法律科学中的重新寻回,可以清除前述移除造成并传递至今的各种扭曲和不协调,特别是在我们将在本书中看到的关于习惯的各方面。可见,这个重新寻回有其必要性,亦如前面说的那样,应当由格罗西的"做"而非"说"来成就。同样的话也要对指导着一切活动的至高准则说,法及其他均在其中展开。[55]

三、习惯的界定

我即将结束"导言",并且试着给出一个与现实相符的习惯定义,[56]它要与后续的论述协调一致。[57]

如同法律一样,习惯也产生法。它的最近的属可以正确地确定为——正如时常看到的那样——是法的渊源。[58]将它在属的范围内予以特定化的诸项内涵,得在产生它的主体或机关以及它的产生方式中找寻。

此等主体或机关或具有两面性。可以在人民(主权的保有者)或者公民(人民的组成者,主权的共同保有者)当中发现它。在法的习惯式的创制中,诸多单个主体在满足其自身需求的同时,还在公民的身份之下行动起来,易言之,公民会作为国家的一个机关。[59]

作为人民的组成者,公民们通过自己的决断行为(comportamento concludente)塑造习惯(就像罗马人说的那样,rebus ipsis et factis,通过事实本身和行为)。例如,先占:我曾看到人们在暴风雨后,沿着水渠的边缘采集蜗牛;或是缔结一个现行法未规定的合同,就像实践中已经发生的融资租赁合同(leasing)一样。[60]

"习惯"这个标记既指习惯法本身又指其形成,可以从两个角度界定它,即作为"公民们通过决断行为创制的法",以及"作为由公民们通过决断行为来对法的加以创制"。[61]

作为基本元素的意志体现在决断行为之中,却没有提及法之专家的参与。此等参与,虽说事实上作用很大,却并不出头,哪怕它实际上是不可或缺的。总之,专家的参与不表现为一项根本的要件,而后者才是产生习惯的元素,也就是由公民们通过决断行为表达出来的意志。[62]此外,法之专家对习惯之形成的参与有多种展现:比方说,一方面,他在新合同的生成过程中事先(a priori)作准备并提议新的合同框架;另一方面,在先占中,他事后(a posteriori)决定决断行为之效果,这些效果与行为本身一道,通过习惯式的接纳获取法律上的意义。[63]

注　释

［1］由衷感谢库内奥的诸位同学,在课堂讨论中针对他们提出的深具启发性的问题而作的回答,他们总是问到了点子上；也感谢 Carmen López Rendo 教授与 Andrea Trisciuoglio 教授的出席,这对于本章题目的确定助益甚多。

［2］F. Gallo, Celso e Kelsen. Per la rifondazione della scienza giuridica, rist. Torino 2011.

［3］《导论》里面提到了这篇我此前为《罗马与美洲：罗马共同法》写的小文,如今经增补后出版。

［4］有关寻回这个遗落的罗马法遗产,参见 F. Gallo, Celso e Kelsen. P. 18 s.

［5］那些有关尤里安的人民主权理论(一方面,人民在特定的大会中通过投票,另一方面通过决断行为来创制法)以及将法界定为"术"(ars)的杰尔苏式定义,也属于它的一份子。

［6］39 (2011) p. 26 ss.; 参见 p.1 的简讯。

［7］轮不到由我来谈论此等缺失的原因。就此,我不过能够提出几点意见罢了。根据原始文献,毫无疑问,优士丁尼已经实现了"法律的更易"(legum permutatio)。简单地说,就是以"法律的学说"(legum doctrina)替代"技艺的更易"(ars permutatio),而这导致了罗马法传统的一处断裂,开启了一段新的历程(以"法律

的学说"而非"技艺的更易"为基础)。同样确定的是,对"法律的学说"的承认,引发了——肇始于法的一般原则——深刻的反思与审视(这实际上是思维方式的转变),最开始是对于罗马法学家,后来也影响了罗马法之后阶段并受其制约的历史研究者(中世纪法、近代法以及当代法的学者)。在这些人(specie umana)中(正如其他动物那样;就我所知,母鸡在遇到危险的时候,会把自己的头掩在翅膀之下)也有人发现了那种通过抹去难题来解决难题的错觉。(没有它——正如常常不自知地发生的那样——我是无法解释罗马法学家为何遗漏去思考优士丁尼的"*法律的更易*"的,因为,至少一个世纪以来,法史研究在罗马法的研究中占据绝对优势,几十年来对它的"历史化"(Historisierung)已获得了权威的论证)。

[8]来自它在意大利、欧洲以及世界各地的诸多研究者(显然,许多学者对此事十分关注)。

[9]这些期待在各个层面上有所不同,比方说,在欧盟及其各成员国之间,在德国(大陆法)与在英格兰(普通法),在欧洲国家与在中国、日本,在这两国家与在拉丁美洲国家。

[10] *Un futuro senza storia* ?, in Index, cit., p. 43; 特别参见第一、二章。

[11]他对学生说"它很独特,因为法的这个部门在罗马法中是不被承认的……"我们称为行政法的部门在罗马法中没有被单独划出来,因而也不存在相关的法律规范,这么说当然没错。然

而,其实质,也就是对公共事务的管理以及相关规范,却不乏其表达。我举几个例子,为了公共利益的征收以及与政府部门签订的合同。除此之外,想一想有关国库收入的复杂管理工作,以及乌尔比安对于各种官职(officia)所作的多卷评注: *praefecti urbi, curatoris rei publicae, vigilum, consularium* 等。学者们多年来,尤其是西班牙学者(也有意大利学者)致力于研究罗马的行政法。(一个相似的问题域亦就罗马商法展开了,参见 F. Gallo, Negotiatio e mutamenti giuridici nel mondo romano, in Imprenditorialità e diritto nell'esperienza storica, Atti convegno della Società italiana del storia del diritto, Erice 22-25 nov. 1988, Palermo 1992, p. 133 ss.)。面对不同的法,得从语言方面起步,可是这样的语言却常常引人误解。拉丁语段" ius civile "在意大利语常常作" diritto civile "(民法)。这种词源上的对应却并不总是在实质意义上符合。在法律意大利语中,民法不仅与公法有别,而且也区别于商法。与此相反,盖尤斯在其《法学阶梯》的开篇(1,1)即对自己的学生说市民法(*ius civile*)就是每个民族为自身确立的法: *quod quisque populus ipse sibi ius constituit, id ipsius proprium est vocaturque ius civile* ……(正如 *bellum civile* 就是市民之间的战争一样, *ius civile* 就是在他们之间生效的法)。[还有 rem, fundum transferre 及类似的表述,时常将研究者引入歧途。正如语段 fundum legare 或是 mancipare deducto usufructu 表明的那样, rem transferre 及类似的表述,尽管在古典法文献中很常见,但是并不意味着只是在它们里面(与之前说的不同)一个物从一个主体移转至另一主体,而是与其相伴,移转相应的所有权。(而后者的移转乃是法的排他性作用。也就是说,是法造成的效果,对于物的移转而言,人的活动是必备的)]。

[12] S. Cassese, *L'anatra di Goethe*, in Index, cit., p. 26 ss.

[13] 不可能对这位学者的论证展开详细的检视。我就三个要点发表若干看法:罗马法、萨维尼与决疑式方法。"罗马法"这个表述被用来表达自罗慕路斯至优士丁尼之间持续约13个世纪的法传统。基于其对后世的影响,至少需要区分以下两个相互之间不兼容的视角,即"法之技艺"(ars iuris)与"法律的学说"。优士丁尼的编委们为了编纂《学说汇纂》而使用了许多古代法学家的作品,于是在里面留下了古人看待问题的视角的痕迹与因素,它们在前优士丁尼时期的原始文献中(许多是在盖尤斯《法学阶梯》里面)获得了确认与补充。萨维尼无疑是潘得克吞学派的领袖,我虽然拒绝它的偏好与方法,但是他确实对法科学做出了巨大的贡献。值得一提的是,萨维尼还是法的历史研究的伟大倡导者。与其他著名罗马法学家不同,他将罗马法与当代罗马法截然分开,并对后者构筑出一个体系,而将前者划分为所谓的古典法与优士丁尼法两个阶段。参见 F. Gallo, Celso e Kelsen. P. 12. [为了就萨维尼在法学中的发挥的作用做一个不偏倚、不受意识形态影响的评价,至少得去研习他的多部作品,罗列在第一卷的 Sistema del diritto romano attuale (trad. Scialoja), Torino 1886, p.

XLIII, ss. 我们至少可以从一些章名上,发现此等意图的若干迹象。]决疑式方法在不同的法律体系中(可能表现为)有不同的形态,比方说,可能以"法之技艺"为基础,相应地,也可能以"法律的学说"为基础。(优士丁尼编纂所使用的古典法学家作品的片段之中记载的决疑式解决方案,在这里面获得了提升,在优士丁尼的视角下,与法律 leges 并列)。普通法的决疑式方法与古罗马法的同名方法并不是一回事,相对于后者,它呈现出若干显著差异。乍一看,相较于古罗马法,决疑式方法更多地表现出遵循先例的原则(*stare decisis*),并且倾向于将法官作出的诸项判决提升至一般、抽象规范的层面,但对于"善良与公正"则较少体现,而后者却在古罗马法中指引着法领域之中的一切活动。(对这两个系统之间的完备的比较,除非先找回来罗马法遗失的那些要素,否则无法进行)。人们常常使用同一个表述来指称不同的现实。

[14]另一项选择则是卡塞瑟表述如下的罗马法完全的"日食":"否则就得悲伤地得出结论即"这种法"是许多法的先祖,它在享有众多的子孙后裔之后,于今日已经绝嗣"。

[15]在我看来,反过来也说得通。于是,对那些关于当今的问题,历史学家拿出了(不能不拿出来)过往提供的解决方案。

[16]显而易见,由我本人开启的研究本身有或许没有价值。即便如此,也不能说它们与罗马法和一位现行公法(行政法)的研究者表达出来的回应之间的切合是没有意义的。

[17] *Dalla formazione alla competenza*, in *Index*, cit., p. 40 ss.

［18］前提似乎是这个在知道的高度（深邃）与"知道做"的轻视或者不在乎之间在现实中并不存在的联系。作为面向实践目的的"技艺"（ars），在法之中展开的每一项活动（即便是最崇高思辨的），应当趋向于满足这一目的。用来指称罗马法学家的都是关注此等实践目的的称谓（iurisperiti, iurisprudentes, iurisconsulti）。萨维尼就断然拒绝这种理论与实践之间的对立。

［19］F. Gallo, *Una critica del nichilismo giuridico*, in *Atti Acc. Scienze di Torino, Classe scienze morali*, vol. 139-140 (2005-2006), p. 3 ss. [= *Riv. dir. civ.*, 53 (2007), p. 19 ss.].

［20］我明白，法官、律师、公证员、公职人员等，不去学习罗马法一般意义上法律领域的历史以及传统也能做好准备。但是我同样确定的是，对前述历史与传统的知晓有助于更具穿透力更加完备地理解今日的现行法（前者的影响在这里是不可或缺的），也包括其中存在的、应当予以矫正的扭曲之处。

［21］在这位学者看来是"在一个或者另一个领域中拥有具体的特殊的经验的人"。然而，这个定义是限缩式的；对于一名专家，在经验之外，认知也必不可少（即便只是服务于经验，从而基于它而增长）。见下文。

［22］这项获得最大的尊重的原则就是"绝不浪费"。

［23］我记得自20世纪中叶以来至今，规范（当我跟着学生们的说法称为"法律"）变更的次数已经不可胜数。大部分变更我并不了解（意大利每年都产生数以千计的规范：我想到的是法律、法

令与适用或者应当适用它们的规定的数量。从规范内容的一般化的视角看,我的标本早就是未曾更新过的了,只不过,这一点也不会有所改变)。

[24]"做"牵涉内在的法现象,它没有人类活动的话就无其存在与展开。

[25]在这方面,他指出:"法学家的培养总是面临实践问题,也就是在每日的生活中运用法"。在我看来,提到各个案件的解决与判决时很清楚的是,在其之中,每个社会成员都牵涉进了共同的法系统。

[26]如前所说,一个来自"法律的更易"的观念。

[27]法的(在多个位置上的)公民以及操作者。

[28]在世的罗马法学者中最权威的安东尼奥·瓜里诺(Antonio Guarino)以作为秩序的法的观念为基础在作品中评价法的健康度参见 La salute del diritto [a proposito di Fine del diritto? a cura di P. Rossi,《Prismi》(Bologna, il Mulino, 2010), p. 102], in Index, 38 (2010), p. 468 ss. 若是从瓜里诺自己的视角出发,他是有道理的。他指出,被理解为秩序的法,在过去即已存在,并且于今日继续(尽管有若干的伤痕与失调)存在下去,未来亦将如此继续存在。正因为如此,法的终结压根是没法说的事情。尽管前述评价发生了重大变化,采纳了技艺性的具体而非绝对的视角,在当代意大利的情势下思考法。我指出三点问题。意大利议会没有完成在其他议会中已经完成的改革,只是说它们是必要的、不可拖

延的,又拖延着去落实。程序上的拖延如跗骨之疽持续存在(在我看来,与法的当前的观念不无关系),它们使公民们的期待受挫,阻碍了经济的发展,也是新的必要的投资无法落实的原因之一。法的研究者没有关注一届届政府为了重整公共开支(它们改变了意大利人的生活状况,时常侵犯理性与平等的至高准则)反复不断地操控所具有的法律意涵。正如所看到的,需要在法的现象得以展开的活动当中进行深刻的变化,首当其冲的就是要改变思维方式。见前述对瓜里诺的反对意见,A. Corbino, Dai giuristi agli esperti di settore, in Index, 39 (2011), p. 90 ss.

[29]"做"需要"知道做",比方说,我们没法展示或者再造买卖,如果不去将所追寻的面貌或者革新与法的目的、它们所欲满足的需求以及所在的社会经济形势相适配(总体上,不具有法领域需要的认知与能力)。

[30]根据深深扎根于实证规则的耕耘者以及法史研究者心中通常的法观念,所说的规范与个案解决之间的根本转变乃是异端邪说。此外,被寻回的法的技艺性表明,此等异端邪说(基于意识形态将法的目的与人的需求分开)处在源于优士丁尼的法的当代视角之中,因而应当予以消灭。

[31] *Il punto e la linea. Storia del diritto e diritto positivo nella attuale crisi delle fonti*, in *Index* 39 (2011), p. 31 ss.

[32]这当然不意味着无差别地遵从罗马法学家的意见。比如说,我不赞同这位学者的观点 Martin J. Schermaier, Römisches

Recht für Juristen? in Index, 39 (2011), p. 87. 在他看来,"罗马私法的体系"为各国以及欧洲私法提供了一个前身("eine Propädeutik")。一方面,舍尔迈尔说到的罗马私法的体系乃是由优士丁尼开创的,恰恰与古罗马的法律经验是对立的;另一方面,现今各国法以及欧洲法的直接前身乃是肇始于博洛尼亚经由对《国法大全》的研究而形成的罗马法系。[我也不赞同这位学者的以下观点,op. cit., p. 88 s.,即罗马法的危机当然存在,却并非内在于其自身之中("hausgemacht")]。罗马法并未处于危机中,只不过它在那些受到"法律的学说"影响的研究者眼中看上去如此,"法律的学说"似乎已经在欧洲范围内竭尽了发展的潜力。在局限于认知的视角以外,如前所述,那些从罗马法中寻回的诸元素还可以为法和法科学依据人的需求而更新提供灵感。

[33]就像其他的如音乐或者哲学或者其他致力于登山运动的人。

[34]否则发生相反的事情,那就是当代法的诸元素作用于罗马法的理解(一般意义上获得研究的历史上的法)。在这方面,我的体验可以追溯至青年时代关于公示的那些文章。其中的第一部(F. Gallo, La pretesa di pubblicità dei trasferimenti nel diritto romano arcaico e classico)载于SDHI, 23 (1957), p. 174 ss.

[35]当这位学者谈到中世纪法的时候,他的语气就变了"共同法(ius commune)的波澜壮阔的情景,作为坚实的科学建设,仵立在罗马与教会的根基之上,有能力为中世纪文明提供充分切合

习惯与新型合同:兼论法的技艺性的回归

新需求的原生的法秩序"。指出两点大概就够了。所谓共同法的原创性要根据这位学者自己的表述重新判断,它被用来指称其基础在于罗马和教会。完全满足彼时出现的"新需求"是一个不符合人情事理的夸张说法,实际上离完美差得远了。比如在经济层面上,公共资源不足以满足一切正儿八经的需求,正如法不能满足所有的那些各异的体现在人与人之间关系当中的需求,它们之间往往相互冲突。政治经济学与法作出选择。(第一项选择每个人都受其约束,就是关于不可重复的可支配时间的使用)。这位学者补充道,在罗马法学研究者的眼中,"阿库修斯、巴尔托鲁斯与巴尔都斯相较于盖尤斯、彭波尼与乌尔比安完成的纲领,犹如变异的生灵"。就我所知,没有哪位罗马法研究者曾经做出过这样的判断。毫无疑问,正如格罗西指出的那样,它并非罗马法研究者的共识。事情不如说是这样的:认为他们偏离如斯的说法(阿库修斯、巴尔托鲁斯、巴尔都斯——被描述为变异的生灵)在客观上倾向于——我不知达到何种程度——消减他们的权威,明知或是无意识地让人觉得他们的话不过是胡言乱语罢了。对此,我就不再作进一步批判了,我只是要说明,不论是罗马法研究者还是中世纪法与近代法的学者都不得无视历史的真实,尤其是:(1)当代法源于罗马法以及其后的中世纪法与近代法,包括较近的那些工作,其中就有各国的宪法、关于人权的宣言和国际条约;(2)西方法在发展上的决定性的转变与罗马法中形成的法科学是联系在一起的。

［36］这位学者经常在关键的段落上面使用富有画面感的词句，分外激烈——尤其是对于年轻人而言——且呈开放性，可容纳多种解读。见 F. Gallo, Che cos'è la costituzione? Una disputa sulla rifondazione della scienza giuridica in AIC, (Rivista telematica giuridica dell'Associazione Italiana dei Costituzionalisti), 1 (2011), p. 25, nt 137 [=BIDR, CV (2011), p. 360, nt. 137］。

［37］如前所说，考虑到法的技艺性，它在里面对于"做"承担一个工具性的角色。

［38］我指出一个例子，以免过于抽象。在意大利制宪者看来，合理性(ragionevolezza)与平等(uguaglianza)构成了宪法的基本原则，此外，它们在面对其他基本原则的时候，是可以被牺牲的。罗马法学家杰尔苏则指出，"善良与公正"构成了合理性与平等的具体表达，也是指导法在其中得以展开的一切活动的至高准则。似乎不大可能否认合理性与平等是不可被吸纳进那些在某个特定部门中运作的原则之中，或是将其贬抑为对某个特定领域的表达，比如，自由，它也主张一个符合它们的规则(disciplina)，尽管此等规则构成它亦应当符合的整个秩序的至高准则：任何规范，如果不符合的话，就是违反宪法的。认识到错误之后，人们是应当坚持它，以避免遭致格罗西的诅咒，抑或人们应当进行纠正，认为这个诅咒无根无据(二者在我看来，实际上已经发生了)？纠正这个错误不是说"压抑时间的印记"，而是，在进程中促进发展。见 F. Gallo, I principi generali dell'ordinamento giuridico dello Stato e l'interpretazione della legge alla luce della carta costituzionale, in Studi in onore di P. Rescigno, I, Milano 1998, p. 435 ss.

［39］关于这个文件，见前文所作解释："对法的历史性的认识，对于欧洲大陆的法学家犹如哥白尼式革命，对于法则是令人惊异的寻回，在20世纪的最后几十年中作为认识论上的救赎时兴起来"。

［40］最近的，见 P. Pichonnaz, Droit romain: enseignement, méthode et contribution à la réflexion du juge, in Index, cit., p. 77 "Le droit est par essence historique". 关于法的本质，见后文。

［41］见本节后文。

［42］机动车的刹车（如同法一样也是人工的元素）也体现出历史性的特征，它们的研究（对最初的那批、对后来产生的、对当代的这一批以及对于可能的改善与革新）需要特别的资质（如果我没弄错的话，即工程师资质）。一名医生或者一名经济学家在取得此等资质之前，没有能力对其开展研究。

［43］众所周知，随着时间的流逝，岛屿、陆地、海域、大洋、湖泊、良田与沙漠的形态也发生了改变。

［44］在现实中被认为如此，法——全然仰赖于人的活动——是一项技艺（ars）。

［45］关于该主题的介绍见，参 F. Gallo, La legum permutatio giustinianea rivoluzione giuridica ignorata della nostra tradizione, in Estudios juridicos en homenaje al Profesor Alejandro Gunzmán Brito,

导 言

II, Alessandria 2011, p. 527 ss.

［46］前面说过,格罗西以及这些罗马法研究者,一方面忽视了"法律的更易",另一方面也忽视了法的技艺性,遂支持了这场十分有必要的"哥白尼式革命",以及"对法的历史性的重新发掘"。在前面已经提及的事实之外还可以加上,对法的技艺性的寻回即意味着对其历史性的寻回;反过来,我们却不能这样说(历史性对于人工的和自然的因素而言是共同具有的,而技艺性仅限于前者)。

［47］不管是当代的还是过去的典型性,既不应该强化也没有必要缓和,它们表现为现实的结果。在前引作品 p.34,格罗西指出了"法史在与实证法学家的对话中的最大的优势"。那就是当法史学家在与实证法的耕耘者就实证法以及本书研究的历史上的法进行对话时,应当避免对实证法进行全然独立的研究。(这段话似乎很难与这位学者自己主张的在现在与过去之间进行比较的观点协调起来,也无视了《意大利法宪法》第33条第1款,该款规定:"艺术与科学自由,其讲授也自由。")他在对"罗马法的耕耘者"的"劝导"中也就是"古典罗马法是一种原型,一种无法超越的模式"中看到的"对法的历史性的巨大背叛"。当然没法放开了说。我以为,绝大多数的罗马法学家十分正确地抓住了罗马法的那些宝贵的要素,与此同时还领会到了那些期待被超越的观念和制度。例如,生物人之间的平等与两性之间的平等。(参见奴隶制,这个深深植根于古代世界的制度,虽然这一点常被忽

视, F. Gallo, Celso e Kelsen. P. 77 s)

［48］参见 F. Gallo,La definizione celsina del diritto nel sistema giustinianeo e la sua successiva rimozione dalla scienza giuridica: conseguenze persistenti in concezioni e dottrine del presente, in Teoria e storia del diritto privato, www. teoriaestoriadeldirittoprivato. com, 3 (2010), p. 1 ss.

［49］关于这两点,参见本书第三节。

［50］参见 A. Padoa Schioppa, Italia ed Europa nella storia del diritto, Bologna 2003, p. 173 ss。此外,对有关习惯的相互冲突的观点(通过不同的术语表达出来)的思考(对于认可法的历史性本身则是必需的)是有缺陷的,呈现于《国法大全》之中,以及优士丁尼的编纂者们在他们的《法学阶梯》中遵循着"法律的学说"而对之展开的理论化。众所周知,在德国法中,已经在立法层次上认可了习惯与法律相同的地位。见 F. Gallo, Interpretazione e formazione consuetudinaria del diritto, Lezioni di diritto romano, ed completata, Torino 1993, p. 320 ss.

［51］一个关键节点,见 F. Gallo, Celso e Kelsen. P. 58 s., nt. 77.

［52］或许,与其说历史性的法,不如说过去的法(diritto del passato),因为(在这一点上完全赞同格罗西)法总是呈现了并且依然在呈现历史性质。

［53］提到的这个观点也可追溯至优士丁尼的规划,它在《学说汇纂》中指出了正义的殿堂(templum iustitiae)宣示出一个具有

约束力的时间且不容置疑(《Omnem 敕令》,§ 5,《Tanta 敕令》,§ 20),对于他自己的以及将来的时代。

[54] Pomp. *l. sing. ench.*, D.1,2,2,13.

[55]此等一般化属于我从事的研究工作的框架之下。

[56]历史法学给出的定义并非我这里说的这种,而其基本要件依然不时地在大学教科书中出现。将习惯(仅仅)作为规范事实(fatto normativo)(法——整个的法——都是人工的)并且将其表达为非意愿的法、自发的法以及沉默的法的各项理论化的努力,亦非我说的那种。相关说明见后文。

[57]相较于它们,我就习惯提出的定义可谓一个综括。

[58]关于意大利法,参见民法典续编第 1 条。

[59]在宪法的多项规定中,公民(以各种不同的方式认定)或是明示地或是默示地被当作国家的机关。参见第 1 条第 2 款、第 56 条第 1 款、第 58 条第 1 款、第 75 条第 1 款以及第 3 款第 4 款。另外(它本身具有决定性),法的创制乃是主权下的特权之一,属于(在较近的宪法中往往形式上获得认可,比如在《意大利法》第 1 条第 2 款)人民。

[60]见下文"九、融资租赁合同的诞生与法的习惯式创制"的分析。

[61] H. Kelsen, Allgemeine Rechtslehre, Berlin 1925, p. 232 [Dottrina generela dello stato, tradi. it. a cura di E. Daly-J. Lyther, Milano 2012, p. 522 (in corso di stampa)],他(凯尔森)在法的习惯

式形成中辨识出最具民主性的法的创制。他说,此等形成是由所有的成员(Rechtsgenossen)共同作成的,然而这并没取得理论应有的关注。于是,在他看来,一般规范的地位与所谓的法的适用即司法之间的对立继续为法科学所遗忘。(值得对这位杰出的法哲学家的最终结论做一番批判性的深入思考,但在此处并不现实)。在我看来,有关基本情况,即公民们对习惯的创制,经常被法科学遗产遗忘。有关凯尔森的意见以及他进一步的理论化工作(前引作品 cap. 8, § 43),关于国家的机关(organo),我认为要弄清楚两点:将公民或者成员的整体视作国家的一个机关,这样看似乎有点难;习惯式形成从来都没有涉及过全体公民或者成员:十几岁的小朋友可能会收集蜗牛并将之据为己有,却不会去缔结一项新型合同,新生儿(他们同样是公民)也没有能力为自己收集蜗牛。(这个问题也有待深化)。

[62]法的专家在习惯形成中提供的支持正如部长或者君主的顾问和助手,不具有履行其职能的所有资质与知识。

[63]显而易见,法学家对于法的创制的参与绝不限于所举出的例子。

一、研究目标

理论命题应当以事实为基础，与现实相呼应。这也是本书的立场，从而在特定的领域，实现一个我自从长期研习罗马法以来所追求的两个目标：一方面，重新寻回罗马法遗失的若干元素，迄今仍然活跃在我们的法律传统中的优士丁尼的"法律的更易"（legum permutatio）已经成功地将它们移除出去；另一方面，从前述元素的寻回中获得灵感，从而尝试为当前的法律科学重新奠定基础，因为，如今，它由于与现实普遍不符而呈现出扭曲与匮乏，分外无力——其历史悠久的根子就在于前述"法律的更易"，虽然这一点总是被忽视。[1]就像我说过的那样，这本书选取并适用若干有关罗马法研究和罗马法学家任务的历史前提。[2]有别于抽象的论断，现实的材料是不会被抽象的理论操作移除的，理论操作若非根植于现实，不过将沦为言谈，正如历史上的这几百年所展示的那样。

鉴于此，有必要另辟蹊径复原优士丁尼"法律的更易"的真相，一方面，找到他传给当今的法律科学从而需要将其从中清除出去的那些元素；另一方面，找到那些被他抹去却至今发挥效力

(也就是说,符合现实以及人的需求)的若干元素。本书的重新寻回的工作始自很基础同时也很根本的法的技艺性,所开展的研究在这个领域中将充当试金石的角色:所获结果将显示出,这条蹊径及其采纳的历史前提是否能够有所产出,再据此决定是遵从还是摒弃它们。[3]

一、研究目标

注　释

［1］法学研究者的任务——被排除在立法与司法任务之外——是通过自己的工作将它们昭示于众并加以推动思维的改变从而将其消灭。

［2］较近的，参见 Index, 35 (2011), p. 1 ss., 卡塞瑟、格罗西、伊尔蒂以及卡波格拉西的"发言"，"11月5日，在罗马的国家科研委员会(CNR)马可尼大厅，借着推出卡波格拉西的《选集》的机会"，在"'第二个千年中的罗马法与法学家的培养'圆桌会议"的场合。随后，他们在《杂志》(第58页及以下)上发表了源起那天会议的"随笔"，这些人是帕斯卡·毕肖纳(Pichonnaz)马丁·J.舍尔迈尔(Schermaier)、亚历桑德罗·科尔比诺(Corbino)以及维辰佐·鸠弗雷(Giuffrè)。值得一提的还有帕尔马(P. Palma)为其《罗马法文选》(2011年,那波里出版)所作的导言，他在这里祈愿"一个基于传统根基的新的合法性，且人的和衡平的本质获得了更新"，他接着解释说"以这样的标准去寻回罗马法的历史的文化的财富，似乎是法学研究的较近的期待"。此处无法细细分析前述发言、反思和导言中相差甚大的观点，更别说我自己追寻的目标了。我谨提一提卡波格拉西结束圆桌会议时说的话："其实，为了继续培养出配得上法学家这一称号的人，发展出我们所在的社会认可并予以尊重的科

学,我们自己以及我们继任者不能再浪漫回想过去的模式,而是应当努力地对当下及其话语发生影响。"鉴于这个"浪漫回想"在这段话中表达的是一个预定的观念,将在后文释明,并且提到的这些"过去的模式",考虑到圆桌会议的主题,指的是罗马法的模式,我要提出一个完全不同的看法:我赞"对当下及其话语发生影响"的必要,只不过,我反对不加区分地去拒绝"浪漫回想过去的模式",这不光是成见,而且是荒诞的成见。我在自己的研究里面,不时从当代法中获得针对罗马法的灵感,反之亦然,看不出有什么理由不去继续这种双向的汲取。不进行对比(明示的或默示的)便无法作出评价。当然,今天人们不会再用古罗马人用过的犁,可是,比方说,拉贝奥在合同问题中的创造依然是于今日有效,且发人深省,可以说,还在对当下及其话语发生影响。卡波格拉西的结论过于绝对化,其性质是意识形态方面的。该结论必须建立在这一前提之上,即至少在法学……总是好的(因此前者优于后者)。而这个前提有违现实情况,同时也与这位学者的思想冲突。要确定卡波格拉西道路到底走不走得通,无论抽象的论证还是其研究的具体结论,都不重要,否则难以摆脱先验论。见后文。

[3]显然,我就像任何一名研究者那样,对研究的积极结果怀有信心。补充一下似乎并无不妥:我总是相信罗马法研究存在(若如此,则是极好的)多种模式。参见 F. Gallo, Un modello de romanista, in Roma e America. Diritto romano comune, 10 (2000),

p. 237 ss.［意大利文版见 Labeo, 47 (2001), p. 7 ss］。多种不同声音的存在乃是研究自由与思想自由的结果。对照之下，这两项要素确保了并将继续确保一切领域中的科学进展。

二、预先说明的几个问题

似乎有必要在深入展开论述之前对于"法律的更易"的含义以及内在于其中的意识形态元素做几点预先说明。[1]

（1）罗马法学界对于"法律的更易"[2]的长期的无视甚至可以在《学说汇纂》的权威译本中发现。根据"法律的学说"所开创的"法律的更易"，复数的 leges 的表述不是法的一个渊源——哪怕它是多么的权威——而是旨在将"法"整体地（in totum）吸收进来，[3]只不过，就习惯而言，前述吸收难谓成功。[4]尽管如此，将"法律的更易"翻译为"诸法律的换文"（canje de lejes）[5]以及"诸法律的领域中"产生的"变革"[6]还是走歪了。针对表现为"法"的古代罗马法，优士丁尼本欲通过"法律的更易"根本性地改变法的观念及其组织方式，包括其创制、解释和适用。在"法律的学说"之中得以表现的"更易"的要点如下：①立法功能的改变与扩张，[7]它被延伸至学理建构及其历史探究；[8]②尽可能地弱化（即便违背了现实情况）习惯在法的创制中的角色；③消灭古老的"裁判"的作用，以及随之而来地将法官的任务降低至机械地适用皇帝颁布的各项法律;④与之相随的是,将法学家[9]的任务——传统上的任务给剥夺了,[10]此后由皇帝独享——降低为规则、学说之内容的单纯传递者,以及钦定法律的史学家。[11]

有待解释的是,为什么前面提到的变化(一个个看的话)在罗马法学界获得接受,而它们体现为"法律的更易"之中的综括以及全面的意味却未获得认识。一个自相矛盾的意识形态元素——延续性(continuità),它内含于优士丁尼提出的"法律的更易"之中,对于前述未获认识在罗马法系的发生及其传袭发挥了极大的作用。在现实中,有了"法律的更易",[12]于是,无论是将立法主义的视角归诸于罗马法的更早的(因而更为古老)阶段,还是后世,这个意识形态("法律的更易")与其叠合,传之后世。

(2)在优士丁尼的话语体系中,复数的"法律"并不是一个"无辜"的术语,它指的是在大改革中构造出的、立法论视野下的法[恰恰概述在诸部法律(leges)之中]。此外,这两项元素并不协调一致。它们看起来在"法律的学说"和"法律教授"的表述并存共处,因为根据优士丁尼的规划,教师将 leges 记载的法、科学和法制史传递给学生。然而,它们的协调一致欠缺其他体现,好比"法律的更易"之中,对法的观念与样貌的更易,是无法在现实中与立法论视野下的延续性(continuità)并存的,不论是在现在还是将来。也只有优士丁尼——立法者的

二、预先说明的几个问题

全知全能之谜也是从他而来的——敢于相信自己已经通过立法论的视野,永远地变更了罗马自建城以来的法的观念与组织方式。[13]他在这个问题上的自信,特别体现在《Deo auctore 敕令》开始处的词组 trames legum 中,他在这条敕令中宣布编纂活动的开启:因此,由于在所有事物中,没有任何东西被发现为比法律的权威更值得追求,它很好地安排了神事和人事,摒弃一切的不公正。但朕发现,从罗马建立和罗慕路斯时代传下来的法律是如此的混乱,以至于它们被无边无际地扩展,没有任何人性的能力可以涵盖它们……[14]

延续性与改变不兼容,在后世的传袭中,胜出的是延续性。两点说明尤其值得牢记:将"法律的更易"从法律科学中清除出去;[15]与前述延续性[16]和谐一致的学理建构,默默诉说着历史上的错误分析方法,而它的诸元素,它的所谓教义,仍现身于每一时空的法中。[17]

注　释

[1] 这几点长期以来对于了解优士丁尼完成的"更易"的历史作用是预备性的非常必要的。

[2] 优士丁尼在《Omnem 敕令》§11 将其表述出来：因此，在上帝的领导下，开始对他们传授法律的学说吧，朕找到的使他们成为正义和国家的最好的仆人的道路已经打开，而你们，将在世世代代中得到最高的荣誉，因为在你们的时代，法律的更易已经实现了，这样的更易，就像在所有的美德之父荷马的作品中，格劳库斯和丢梅德斯在他们间进行的不同的物的交换一样，金换铜，一百头公牛换九头。关于《法学阶梯》，参见《Imperatoriam 敕令》§3……以便有可能使你们不再从古老的传说中学习法律的第一课，而是从皇帝的光辉中获取它们……罗马法学界对"法律的更易"的压制与沉默，参见 F. Gallo, La legum permutatio, cit., (参见前文《导言》), in part. p. 528 ss.

[3] 《Omnem 敕令》中对"法律"以及"合法律的"的使用，见前引作品 p. 539 ss.

[4] 该主题见下文"三、优士丁尼《法学阶梯》对于习惯的理论化"。

[5] In El Digesto de Justiniano, I (Version castellana por A. D'Ors, F. Hernandez-Tejero, P. Fuentesca, M. García-Garrido y J.

二、预先说明的几个问题

Burillo), Pamplona 1968, p. 22.

［6］In Amelotti, Appunti sulla compilazione giustinianea (a cura di M. Bianchini), Torino 1971, p. 131. 在最新版本的意大利语《学说汇纂》译本中［Iustiniani augusti Digesta seu Pandectae, I (cur. S. Schipani), Milano 2005, p. 37］,这个语段则被置于"法的变化"之中。与此类似——只不过在我看来,与优士丁尼的看法不那么吻合——这个语段在《Tausch im Recht》中被译成 Corpus iuris civilis, II (gemeinschaftlisch übersetzt und herausgegbenen von O. Behrends, R. Knütel, B. Kupisch, H. H. Seiler), Heidelberg 1995, p. 71. M. Campolunghi, Potere imperiale e giurisprudenza in Pomponio e Giustiniano, II, 2, Perugia 2007, p. 418,准确地将"法律的更易"描绘为"一个实实在在的法之激变"(参见 F. Gallo, La legum permutatio, cit., p. 528 e nt. 6)。尽管如此,这位学者止步于将优士丁尼的观点表达出来,并未就其与现实是否相符作出任何评价,也没有谈及其内容和历史意义。

［7］在古罗马法中,法的习惯式创制要早于法律式创制,持续数个世纪,替代了通常的发展模式。法律式创制往往呈现出例外的性质。(不要忘记《十二表法》的意义,它在罗马法中与其说是例外,不若说是一件独一无二的事件)。参见 F. Gallo, Celso e Kelsen. p. 85 s.

［8］尤其是历史的法律化(legalizzazione)——意味着其教条

化(dogmatizzazione)——仍然被罗马法学界忽略了(更多地被抹去)。这也与一项意义极大的因素相关。首先,此等情况似乎不容置疑。在优士丁尼的法典编纂体系中,是"法律",无论是彭波尼在《学说汇纂》(1, 2 de origine iuris et omnium magistratuum et successione prudentium,关于法和所有执法官的起源及法学家的沿革)中的叙述,还是散见其中的历史性描述,都规定了它们并在各阶段与其相伴的皇帝敕令。其次,当然,优士丁尼毫不迟疑地通过必不可少的修改去捏造历史事实,比如古代法学家提出的解决方案。其中,在我看来意义尤其深远的,是《Deo auctore 敕令》§7 的一个片段,我在辑录于 M. Amelotti, Appunti, cit., p. 77 的译文中提到了它(有两处修正:以"过去被称为'regia'"替代"所谓'lex regia'"、用"伪造之罪"替换"伪造"):"没有任何人,在直面古代文本的时候,有胆子指控这个版本是伪造的。于是乎,根据一项古老的法律,它过去被称为'regia'的,罗马人民的每一项权利和权力都已经被转移给了皇帝,而且,我们无意与其他的立法者分享这项权力,我们将其看作是我们的,整体且排他的,古代的法又怎么能废弃新的法律?一切规定,一旦形成且作成,就具有效力,以至于即便古人提出了不同于编纂的意见,人们不说伪造之罪,而是将这一事实归诸我们的选择。"在我看来,格外值得注意者有二:优士丁尼通过伪造《授权法》证成了这些对古代文本的修改(客观意义上的伪造),我们知道,后来继任的每一任皇帝都发布了这部法律。这部被认为是"王的""法律",将实现从人民权力到皇帝之职的历史性转变,却不过是被发明的罢了。随后,《Tanta 敕令》,§19,开始以伪造之罪惩罚那些敢于查询并引用古代文本,从而揭示其(在编纂中,例如,彭波尼对历史的论述,以及在由他组成或颁布的敕令中,例如,对伪造《授权法》的遮掩)遭受的变造的那些人。真相被颠倒了:追求它,却受到了赝品的惩罚。

[9]优士丁尼时代的法教授者。

[10]其中就有,在法律领域,保存有关过去的记忆,当下正是源自其中。在这个领域,前述对历史的教条化,以及随之而来的将其叙述保留给皇帝之职,隐含着它对于立法者所具有的意义。[在《Imperatoriam 敕令》§§4-5 中,我们读到,在《法学阶梯》里面被打算包含"法律科学的全部基本要素,其中简要地阐述了从前有效的,以及后来因脱离使用被投上阴影、由于皇帝的补救被照亮了的。"(totius legitimae scientia prima elementa, breviter expositum est et quod antea optinebat et quod postea desuetudine inumbratum ab imperiali remedio illuminatum est.)]多年前提出的一个观点,根据它,罗马法学家(盖尤斯和彭波尼是例外)对于历史并无兴趣,这似乎是偏见的产物。考虑到罗马法学家心中如何看待历史的问题很大程度上还有待研究,我仅指出:哪怕是今天,大部分法的耕耘者关注的是实证法而非历史;流传到我们手上的唯

047

一完整（几乎完整）的罗马法学家著作就是盖尤斯《法学阶梯》，里面到处都是历史方面的消息（对比之下，当代教科书里面的算是很少了）；如果彭波尼和盖尤斯没有保留下来前述记忆的话，是不大可能会写下历史的作品，或是将如此古老的历史信息传递下来。最后，盖尤斯发出的这个历史主义的自白（l. primo ad legem duodecim tabularum, D. 1,2,1），在一个对历史紧闭大门的环境中是难以得到解释的。参见 F. Gallo, *La storia in Gaio, in Il modello di Gaio nella formazione del giurista*, in *Atti del Convegno torinese 4-5 maggio 1978 in onore del Professore Silvio Romano*, Milano 1981, p. 89 ss.

[11]关于优士丁尼的视角以及激发他的古罗马视角之间对立的综括，参见 F. Gallo, Celso e Kelsen. P. 37 ss.

[12]见下文"（二）"。

[13]优士丁尼的"更易"的关键就在此处，在其看来，法是通过诸部法律（leges）得以表达的，而正如我们所知，在古代，法律（lex）只是法的诸种渊源之一，更进一步说，它甚至不是最先的渊源，亦从未成为过最重要的渊源（这才是法的通常发展）。

[14]这方面的其他印证，就过往而言，还可以在《Deo auctore 敕令》§4 和 §10 中，以及在《Omnem 敕令》§§1 和 2 中看到（见 F. Gallo, La legum permutatio, cit., p. 540 s.）。就将来而言，见《Tanta 敕令》§23，优士丁尼于此处规定，他的载于《法学

阶梯》和《学说汇纂》中的 leges 和批示(sancenti),亦如所见,还有学说和法史,保持其效力 in omne aevum。

[15]前面说过,近期基于历史化(Historisierung)的罗马法研究也没有将其寻回。

[16]优士丁尼通过法律的枝叉(trames legum)的隐喻表达出来,从罗马建城之初延续到他的年代,在他眼里,注定将一直持续下去。

[17]参见 F. Gallo, Celso e Kelsen. p. 27 ss.

三、优士丁尼《法学阶梯》对于习惯的理论化

优士丁尼对习惯的认识位于其《法学阶梯》的第 1 卷第 2 题(论市民法与万民法)第 9 节中,基本框架是用从乌尔比安[1]那里借鉴来的,将现行有效的法划分为成文法(ius ex scripto)与不成文法(ius ex non scripto):[2]

经使用确认的规范来自不成文法。事实上,经使用者的同意确认的持久的习惯,扮演了法律的角色(*Ex non scripto ius venit, quod usus comprobavit. Nam diuturni mores consensu utentium comprobati legem imitantur*)。[3]

就这个文本而言,首先映入眼帘的问题是,将不成文法(ius ex non scripto)与习惯(mores)相提并论,而这与它在官方用语中的常见表述 consuetudo[4] 是有差别的。其次,它们(习惯)在罗马法中与法律总是位于一个层级上。[5]尽管如此,为了充分地了解这方面的情况,首先需要明确的是,被任命来编纂优士丁尼《法学阶梯》的那些最忠实的法律工作者,在这里使用"更易",所指为何。[6]

根据古代罗马人的观念——突出地体现在杰尔苏对法所下

的定义[7]以及优士丁尼对人民主权的理论化工作中[8]——所有的法,不论是由lege(或legisbus)还是由习惯创制,[9]均为人的造物(prodotto umano),其效力的根基在于诸位市民(cives)的意志,他们组成了"罗马人民"(*populus Romanus*),他们或是通过在各类民众集会(assemblee popolari)中投票,或是通过决断行为来表达此等意志;[10]以制定遗嘱为例,为了满足嗣后出现的需求,在法学家的建议下,扩大适用铜衡式仪式(per aes et libram),以替代此前规定的相应形式。[11]

一言以蔽之,在法的习惯式创制当中存在如下元素:法的技艺性、作为根基的人民意志、法学家的意见(智识支撑)。前两项元素通用于通过法律创制的法(legisbus),后一个元素则为通过习惯创制的法所独有的。即便如此,后一个元素在通过法律创制的法里面亦有其对应,表现在适格的执法官在最后阶段(fase culminante)通过rogatio,公民的投票针对它给出一个正式的答复。

三个元素中没有任何一个继续现身于优士丁尼的更加精通业务同时也更可靠的委员们所编纂的《法学阶梯》的理论之中。[12]随着这些人将这些元素清除出去,现实亦随之消散,替换它的是在现实之中并无对应的其他元素,也就没有回避"mores"的这个词的两个含义类似于"习惯"(consuetudine)与"法律"(legge)的混杂,也就是说,法,以及法律创制的法。[13]"使用"(usus)替代了技艺性,"使用者的同意"

三、优士丁尼《法学阶梯》对于习惯的理论化

(consensus utentium)替代了"人民的同意"(consensus populi);至于法学家的支撑,根据"法律的学说",原则上将它们从法的创制中排除了。似乎在编纂者看来,拥有优士丁尼的信任即足以将它们根绝。

无论怎样理解,优士丁尼《法学阶梯》前述片段中的转变,都没法让人明白习惯到底是怎样形成的。在最开始,人们说的是"使用",其不具有创设效力(effetti creativi):就当前问题而言,它并不创制新的法。此外,优士丁尼的编纂者还将由它产生的效力通过动词 comprobare 来表述。[14]接下来的句子中,在前的字符 nam 使人得出一个猜想,却从未化为现实:在这里说的是"经使用者的同意确认的持久的习惯,扮演了法律的角色"。[15]另外,uso 并不是习惯的区别性元素。在原始文献中,法以及组成它的诸元素都可以是动词 uti 的客体。[16]长久持续的存在(可能存在)对于习惯(有时候还特别被指出来)与对于法律,都是一样的。[17]

无疑,优士丁尼《法学阶梯》从根本上改变了 mores 的古老形态。[18]这一转变看起来确有必要,除了为了适应"法律的学说"之外,还因为一些关于 mores 的片段被《学说汇纂》与《法学阶梯》采纳,使它们已无法继续承担起古时的含义。[19]

严格地说,习惯与"法律的学说"不相干,根据后者,"法"被吸收进诸部法律(leges)中。再说,习惯就在那儿,优士丁尼

的编委们既不可能用一部学术作品将其消灭,也没法无视其存在,[20]只能用自己的理论掩盖其元素及其形成方式。习惯的现实根基是人民的意志,[21]在优士丁尼的体系中,通过伪造《授权法》,皇帝大权正是由之而生。[22]第一层意蕴是,承认习惯与法律处于同一位阶,故此可以改变甚至废黜它,这已经在古罗马发生过并且得到了理论化。第二层意蕴是,承认法学家通过科学创作以及向交易和诉讼活动的当事人提出"意见"的方式来参与法的创制。[23]

可见,忠实地展现现实恰恰会挖空"法律的学说"的根基,它就是将法律的创立(conditio)与解释(interpretatio legum)独留给了皇帝一职(carica imperiale),在这一视角下,此二者吸纳并构成了整个的法,唯一的例外是无足轻重的习惯。一方面,它被矮化;另一方面,它被以一种有违现实的方式,在理论上将其效力屈居于立法规定之下,从而受到皇帝的审查。[24]

优士丁尼《法学阶梯》的习惯理论与"法律的学说"融为一体。可是,学者却毫无道理地无视了它。首先,这是因为它指明了一种迄今仍被无视的方法,通过它——和"添加"一道——"法律的学说"得到了接纳,再通过优士丁尼的法典编纂传之后世。其次,是因为它在这个问题上制约了且继续在制约着西方的罗马法传统中的理论建构。

由此可见,优士丁尼的法学专家在表述习惯的时候不仅消

三、优士丁尼《法学阶梯》对于习惯的理论化

灭了它从现实中汲取的那些元素(法的技艺性、作为根基的人民的意愿,还有它与学理构建之间的联系),还将其形成方式掩盖起来。尽管如此,他们在表述习惯的时候,却没有使用更加常见且出现在官方用语中的术语 consuetudo,[25] 而用了 mores,后者正是优士丁尼编纂所采用的那些古代法学家的作品通过它来表达法初萌时的渊源,人们认可它与法律具有的同等位阶,并且在那里感知到了前面提及的各项元素及其条理化,乃至它的形成方式。[26]

优士丁尼《法学阶梯》的编者通过上述术语上的歪曲,[27] 达到了自己的目的,同时留下了一个准确的讯息:在优士丁尼法典编纂的所有出现的法的渊源意义上 mores 的片段中,[28] mores 指代的是 ius quod usus comprobavit,现解为"经使用者的同意确认的持久的习惯,扮演了法律的角色"。

这条讯息显然是有用的。习惯式的接受被从罗马法的历史中移走。在当代的诸多罗马法教科书——即便是那些最新的——里面,它被习惯性地无视了。[29] 恢复它并予以重建的第一次尝试——由我完成——发生在 20 世纪 70 年代初。[30]

我们知道,"欧洲法学的形成"[31] 发生在第二个千年并以优士丁尼的《国法大全》为基础。此等法学的"基本要素"(prima fundamenta atque elementa)——其中之一就是习惯的显露——就包含在优士丁尼《法学阶梯》中,学者们从中一步

一步地了解它们,然后加以重构。这个传统中的各部民法典在进行编纂的时候也对法的诸项元素进行了审查。在编纂这些民法典的时候,关于习惯,也出现了其他意见,[32]各部法典也采纳了不同的方案。[33]即便如此,最基础的视角从未改变,那就是抹杀习惯的根基从人民主权中以及将它与法学家的创造活动之间的关联。结果就是,习惯在现实中的展现以及它在现实之中的形成,一直没有获得了解。

根据"法律的学说"的视角,习惯并非法的一项独立的渊源:它在现实中存在,其基础乃是人民的主权,可是展现自己的时候,却被那些规定了它的法律规则给替换掉了。[34]显而易见,这种情况就对前面说过的习惯与法律在德国法中的等同造成了冲击。[35]其实,如果说法律可以认可习惯,那么,也可以否认它,就好比它可以确定习惯与自己处于同一位阶,于是也可以改变这一情况。[36]

在这样的一幅图景下,特别值得注意的,一方面是近现代理论在习惯问题上对于优士丁尼遗产的依赖;另一方面,我们将在关于新型合同的部分会看到,则是它们不愿意去感知习惯的诸项根本元素及其发生方式和主体。此等主体本身就是一个组织,习惯在现实中的形成正是因它而成。[37]这两个深度关联的问题,在各方面以及在界限上(后者在我的能力之外)都有不同的考量,对于本书关注的无垠的主题而言,都是有益的。

三、优士丁尼《法学阶梯》对于习惯的理论化

注 释

[1] D. 1,1,6,1 (*l. I. inst*,): *Hoc igitur ius nostrum constat aut ex scripto aut sine scripto, ut apud Graecos:* τῶν νόμων οἱ μὲν ἔγγραφοι, οἱ δὲ ἄγραφοι.(因此,我们的法由成文或者不成文的渊源组成,就如希腊人所言,"法律,一些是成文的,一些是不成文的。")乌尔比安说,罗马法(ius nostrum)的形成(constat)有成文的(ex scripto)与不成文的(sine scripto)的。当然,根据原始文献的记载,这一分类是由他引入的,只是迄今为止都未能深化其理由与意义。见 Gallo, Le consuetudini locali nell'esperienza romana prima e dopo la concessione della civitas tomana ai peregrini, in Diritto generale e diritti particolari nell'esperienza storica, Atti congresso internazionale della Società it. di storia del diritto (Torino 19-21 novembre 1998), Roma 2001, p. 303 ss.;关于在此之前的阶段,见 Id., Tra la recezione moribus e la consuetudo: la fase dell'assenza della formazione consuetudinaria dagli elenchi delle fonti del diritto, in La codificazione del diritto dall'antico al moderno, Incontri di studio (Napoli genn.-nov. 1996), Napoli 1998, p. 245 ss.

[2] *Inst*. 1,2,3: *Constat autem ius nostrum aut ex scripto aut ex non scripto, ut apud Graecos*……然而显然,我们的法要么是成文的,要么是不成文的,如同在希腊人那里……

[3]参见随后的§10的解释:看来,市民法并非不恰当地被分为两种。事实上,它似乎起源于雅典和拉切德莫尼两个城邦的体制。事实上,在这些城邦中人们通常这样行为:拉切德莫尼人确实宁愿把作为法律遵守的规则托付给记忆,但雅典人则遵守他们找到的被写成法律的规则。在这段文字中,有人出于彰显起源尊贵的由立法作成的法相较于习惯才创制的法的优越地位而造假,对此,无需过多言语。(见 F. Gallo, Interpretazione e formazione consuetudinaria del diritto, Lezioni di diritto romano, ed completata, Torino 1993, p. 218, nt.)。优士丁尼《法学阶梯》也是在罗马法文本的基础之上编纂而成的。具言之,特里波尼安、多罗兑乌斯与提奥菲鲁斯明知由他们界定的习惯(mores)(组成 ius nostrum: § 3)并非源于斯巴达,而是构成了罗马法中最古老的创制模式,这一点似无疑问。基于前述"明知",了解了盖尤斯的《法学阶梯》也就够了,因为他们三位都曾作为学生研习过它,而提奥菲鲁斯和多罗兑乌斯(二人都是《Omnem 敕令》的接收者)还作为教师教授过它。

[4]尤其见《法典》8,52[53]题名中的表述长久的习惯(quae sit longa consuetudo),以及 Digesto 1,3(de legibus senatusque consultis et longa consuetudine,关于法律、元老院决议和长久的习惯)。

[5]在帝政时期,当时 mores 不再是法的活的渊源[为拥有"解答权"(ius respondendi)的法学家的解答 responsa 替代],它们所塑造的系统的梗概却幸存下来。在《学说汇纂》中还留下来了多处法的习惯式形成的证据。比如说,参见下列乌尔比安

三、优士丁尼《法学阶梯》对于习惯的理论化

和保罗的法言:

D.1,6,8 pr. (Ulp. l. XXVI ad Sab.):……实际上,由于支配权通过习惯而获得……

D.24,1,1 (Ulp. l. XXXII ad Sab.):根据习惯,我们都接受,丈夫和妻子之间的赠与是无效的……

Ibid. 3,1 (Ulp. l. XXXII ad Sab.):……如果根据我们的法律以及依据我们的习惯……

D.28,6,2 pr.(Ulp. l. VI ad Sab.):根据习惯,一个人可以为他未达适婚年龄的孩子作成遗嘱……[习惯相对于法律的优先性还可在这里见证,乌尔比安:D.27,10,1 (l. I ad Sab.)《十二表法》禁止浪费人处分其财产,这最初是由习惯引入的。]

D.5,1,12,1 (Paul. l. XVII ad ed.):……作出判决的,可以是那些由法律、习惯或者元老院决议授权的人……同样的还有那些由习惯授权的人……

D.23,2,39,1 (Paul. l. VI ad Plaut.):如果一个人娶了按照习惯禁止他娶的女人为妻,那么就说他犯下了乱伦罪。

D.49,15,19 pr. (Paul. l. XVI ad Sab.):复境权是这样一项权利,从异邦人的领地上取回失去的东西,并使其回归到之前状态,它是习惯和法律在我们之间、自由的人们之间以及王之间确立的。

［6］众所周知,它们组成了法学研究的导文(如优士丁尼在《Tanta 敕令》§ 11 中说的那样,包含 prima fundamenta atque elementa totius eruditionis:指的是法)以及这位皇帝对之赋予法律的效力(Imperatoriam, § § 6-7: Quas……compositas cum tres praedicti viri prudentes nobis optulerunt, et legimus et cognovimus et plenissimum nostrarum constitutionum robur eis accommodavimus. Summa itaque ope et alacri studio has leges nostras accipiter……编写而成,上述三个博学的人将它们呈现给朕。朕阅读之,审查之,朕赋予它们以朕的敕令的最完全的效力。因此,用最大的努力和愉快的热忱去接受这些朕的法律吧……参见《Tanta 敕令》§ 11)。

［7］作为善良与公正的技艺,in Ulp. (l. I. inst.) D. 1,1,1 pr.

［8］D.1,3,32,1 (l. LXXXIII, dig.).

［9］长期以来,就恢复此前被无视的习惯式接纳而言,在我看来,盖尤斯《法学阶梯》中流传下来的有关它的各种证据的集合是关键。见 F. Gallo, Interpretazione, p. 36 ss.

［10］正如在当今的现实中继续发生、法学界却未对其展开思考一样。通过习惯的法的创制在过去以及在现在回应了且依然在回应着现实需求。这个问题以及浩繁的材料(这方面我只得自引)见 F. Gallo, Interpretazione, pp. 36 ss, 92 ss.; Id, La recezione moribus nell'esperienza romana: una prospettiva perduta da recuperare, in Prassi e diritto. Valore e ruolo della consuetudine, Atti incontro di studi Napoli 9-10 dicembre 2004 (cur. L. Bove), Napoli 2008, p.

105 ss. [=Iura 55 (2004-2005) (pubbl. 2008), p. 1 ss.; Id. La definizione celsina del diritto nel sistema giustinianea e la sua successiva rimozione dalla scienza giuridica: conseguenze persistenti in concezioni e dottrine del presente, in Teoria e storia del diritto privato, www. teoriaestoriadeldirittoprivato.com, 3 (2000), p. 1 ss.; Id., Celso e Kelsen. pp. 9 ss., 67 ss.]

[11] 参见 F. Gallo, Interpretazione, p. 97 ss. 我预测到在近期的意大利法中，以同样的方式（显然，我指的是相同的 qualificanti 元素）形成了一批新型合同。见下文"九、融资租赁合同的诞生与法的习惯式创制"。

[12] Imperatoriam, § 3: …Triboniano, viro magnifico, magistro et ex quaestore sacri palatii nostri, nec non Theophilo et Dorotheo, viris illustribus, antecessoribus, quorum omnium sollertiam et legum scientiam et circa nostras iussiones fidem iam ex multis rerum argumentis accepimus, convocatis, specialiter mandavimus ut nostra auctoritate nostrisque suasionibus componant Institutiones: ut liceat vobis prima legum cunabula non ab antiquis fabulis discere, sed ab imperiali splendore appetere……（特里波尼安，以及卓越的人、教授提奥菲鲁斯和多罗兑乌斯，对于他们在各方面的能力、法律知识和对朕之命令的坚决执行，朕已从许多事情中得到证明，朕特别委托他们根据朕的授权和构想，编写一部《法学阶梯》，以便有可能使你们不再从古老的传说中学习法律的第一课，而是从皇帝的光辉中

获取它们……)

[13]文本的第一句中的词段non scriptum,正如它所在的背景(ex non scripto ius venit…)表明的那样,凭借否定性的表述,指的是作为法之渊源的mores,而在紧随其后的由nam引导的解释里面,"持久的"mores指的是由它们产生的法(就像之前说的,moribus receptum o inductum o introductum)。根据B. Leoni, La libertà e la legge, rist. Marcerata 2010, p.39,"语词混淆的主要受害者是公共与经济事务"。这位作者补充说,"合作,从而避免在政治语言中出现不亚于经济预言的语词混淆,是学者的一项极为重要的任务"。此语在我看来,亦适用于法律科学。

[14]无论是使用(usus)还是认可/确认/加强(comprobatio)的对象都是即已存在之物。

[15]多种含义可归入模仿的形象中(其中就有"笨拙地模仿/嘲弄"和"伪装"),然而似无必要进行词源分析。从模仿不总是等于模式这一情况出发,通过对法律的模仿的形象,优士丁尼《法学阶梯》的编纂组留下了如下信息:与它(法律)相似,习惯也创制法,然而层级较低(于是,习惯既作为渊源也作为被创制出来的法,其位阶低于法律)。

[16]比如,关于leges,参见D. 1,3,32 pr. (Iul. L. LXXXIII dig.): De quibus causis scriptis legibus non utimur……,以及,关于《法尔奇迪法》(lex Falcidia), D. 36,1,68 pr. (Paul. L. II fideic.):如果一名被指名的继承人"他的共同继承人接受了"就可以凭借《法尔奇迪

三、优士丁尼《法学阶梯》对于习惯的理论化

法》……(qui ita institutus esset 'si coheres eius adisset' uti potest lege Falcidia…)。在优士丁尼《法学阶梯》中,参见循着盖尤斯脚印走下去的著名的§2,1(一切为法律与习惯统治的民族……omnes populi, qui legibus et moribus reguntur etc.)相应地,延长一项规范(不论是立法的还是习惯的)的 non uti(不予适用),我们知道,导致其基于脱离使用的废弃。

[17]比如,形容词"根深蒂固"(inveteratus)既适用于使用(usus)也适用于习惯(consuetudo)以及法律(leges),见 C. 10,72,2 (Iuxta inveteratas leges…)。

[18]在 Tituli ex corpore 1, 4 中,它们(mores)被界定为"民众不作声地同意的根深蒂固的长期习惯"(tacitus consensus populi longa consuetudine inveteratus)。在这个定义里面,"人民的同意"(consensus populi)的语段、形容词"不作声"(tacitus)和词组"根深蒂固的长期习惯"(longa consuetudine inveteratus)表达了三项要素。"人民的同意"自古以来都是 mores 之形态的本质要素。形容词"不作声"替换了意志的表达,却没有用到尤里安(D. 1,3,32,1)提出的表述"通过事实本身和行为宣示"(declaratio rebus ipsis et factis)。通过它,似乎获取了一个相较于"不成文"的观察视角而言更恰当的对事实面的表达。词组"根深蒂固的长期习惯"表达的是古老的 mores 的一个新的外部要件。把它加上来,更像是在 mores 与 consuetudo 之间进行区分的拙劣的尝试(没有成功,后来由优士丁尼的编纂者实现)。所有这一切让我们感

到,这里所说的 mores 的定义,就其现在的文本而言,源自后古典时期西部一位不知名的大家,他创作了 Tituli ex corpore Ulpiani。不确定的是(缺乏这方面的研究),后古典时期的这位作者是否已经使用了或者变更了此前已经存在的定义——很可能归于乌尔比安。因此,似乎可以确定地说,不能将在 mores 与 consuetudo 之间进行区分的尝试追溯到他的名下:mores 在塞维鲁朝已非鲜活的法源,而 consuetudo 在罗马法中获得认可正是凭借了乌尔比安与保罗的构筑。见 F. Gallo, Le consuetudini locali, p. 317 ss.

[19]关于这一点,见本节后文。

[20]有别于在立法文本中已经发生和正在发生的——显然,是在表述层面上。见下文第六节。

[21]通过决断行为("通过事实本身和行为")表达出来。

[22]显而易见,此等伪造也包含了对先占(usurpazione)的认可(承认)。

[23]随着成员(在罗马法中,法学家在这方面具有特殊的作用,如今,法官与其——大多替代——并列)的接受,此等概念的边界也成了法。参见 F. Gallo, Dottrina ed evoluzione del diritto, in I rapporti civilistici nell'interpretazione della Corte costituzionale. La Corte costituzionale nella costruzione dell'ordinamento attuale. Principi fondamentali. Atti 2° Convegno nazionale SISDiC (Capri 18-20 aprile 2006), Roma-Napoli 2007, p. 342 ss. [= Riv. dir. civ., 54 (2008), p. 691 ss.].

三、优士丁尼《法学阶梯》对于习惯的理论化

[24]我们知道,此等建构是随着"根据法律的习惯"(consuetudo secundum legem,与其并列的是"在法律之外的习惯"praeter legem 与"违背法律的习惯"contra legem)的成形而出现的。在《法典》8,52(53)中提到的第二道敕令里面的"何为长期的习惯"(quae sit longa consuetudo)绝非毫无意义,只不过它没有胜过"理性或法律"(rationem aut legem)的意义。前述边界(属于消极层面的)只是排除了"违反法律的习惯"。对于在那些"在法律之外"(praeter legem)的与"根据法律的"(secundum legem)之间进行(积极的)选择,"法律的学说"的诸种意蕴就可以发挥作用。关于仍待反思和深入的这一方面,见 F. Gallo, Interpretazione, p. 219 ss.

[25]尤其是可以在《法典》8, 52(53)下面的敕令以及相关的标题 *quae sit longa consuetudo* 中看到。前面说过,"长期的习惯"(longa consuetudo)的语段也在《学说汇纂》1, 3 标题中出现(de legibus sematusque consultis et longa consuetudine),这里将尤里安在 fr. 32 中理论化的 ius moribus constitutum o receptum 指向了习惯(consuetudine)。

[26]特别参见盖尤斯《法学阶梯》的下列片段 1, 111;1, 165; 3, 88 以及 4, 26-28,还有那些收录进《学说汇纂》的片段,尤里安的被多次引用的 1, 3, 32,在里面尽管有符合优士丁尼《法学阶梯》中 mores 之形象的多处添加,依旧抓住了尤里安这位阿德里亚努斯时期的伟大法学家之理论化的核心。[mores 是一般的习

俗(costumi),在其之中确定出了那些具有法律意义的,参见 H. Heumann-E. Seckel, Handlexion zu den Quellen des römisches Rechts[10], Graz 1958, voce *mos*, sotto a) e b)]。尤里安的这个片段的(与 Antonio Guarino 不同的)文本分析,见 F. Gallo, La sovranità popolare quale fondamento della produzione dei diritto in D. 1,3,32: teoria giulianea o manipolazione postclassica?, in BIRD, 94'95 (1991'1992), p. 1 ss.[= Opuscula selecta, a cura di F. Bona e M. Miglietta, Padova 1999, p. 777 ss.].

[27] 由于编纂者自己使用了古代法学家的作品,其实是知道这种形成的方式,以及 mores 在法的创制中的样貌、角色。

[28] 比方说,就《学说汇纂》而言,参见前文脚注 n. 46 中的尤里安片段以及前文脚注 n. 25 中乌尔比安和保罗的诸片段以及 Pomp. (l. V ad Sab.) D. 23,2,8. [H. Heumann-E. Seckel, Handlexicon, loc., cit., sotto a)] 已经指出了一组最宽泛的文本,对象是作为法之渊源的 mores。]。在这部《法学阶梯》中不乏这方面的明证: 1,2,1(一切为法律与习惯统治的民族。omnes populi qui legibus et moribus reguntur……); 2,16 pr. (……因为习俗已规定:在子女处在不能为自己订立遗嘱年龄的情况下,其尊亲为他们订立遗嘱…… nam moribus institutum est, ut, cum eius aetatis sunt in qua ipsi sibi testamentum facere non possunt, parentes eis faciant) 4, 17 pr. (剩下来朕要论述法官的职责。确实,法官首先必须注意不违反法律、敕令或习惯的规定作出判决。Superest ut de officio iudicis dispi-

ciamus. et quidem in primis illud observare debet iudex, ne aliter iudicet quam legibus aut constitutionibus aut moribus proditum est.)

[29] 对于这部著作亦当作此评价, B. Schmiedel, Consuetudo im klassischen und nachklassischen römisches Recht, Graz - Köln 1966, 以及 L. Bove, La consuetudine in diritto romano. I. Dalla repubblica all'età dei Severi. 它们的要点可见 F. Gallo, La recezione moribus, cit., p. 110 s., nt. 8.

[30] F. Gallo, Interpretazione e formazione consuetudinaria del diritto, Torino, 1971, in part. p. 36 ss. 在我之后的作品中(关于该问题迄今仅存的)见 F. Gallo, La sovranità popolare, cit. p. 1 ss.; Tra la recezione moribus e la consuetudo, cit., p. 245 ss.; Le consuetudini locali, cit., p. 303 ss.; La recezione moribus, cit., p. 105 ss.

[31] 这段陈述复制了维亚克尔一部作品中的一段标题 F. Wieacker, Storia del diritto privato moderno con particolare riguardo alla Germania, I (trad. it. Santarelli), Milano 1980, p. 55.

[32] 比如说, 这些建议中有违背法律的习惯、法律之外的习惯与根据法律的习惯。。

[33] 第一眼, 见《阿尔贝尔蒂诺法典》以及 1865 年至 1942 年之间的意大利诸部法典、法国民法典、德国民法典、奥地利民法典与瑞士民法典, in F. Gallo, Interpretazione (ed. completata), cit., p. 282 ss.

[34] 在意大利法, 就是其民法典 preleggi 的第 1 条与第 8 条。

[35] 正如温德沙伊德已经感知到的,尤其是在第二处地方,这位潘得克吞学派的大家指出,在法律有其表现且宣布习惯法并非强制性的地方,习惯法没有任何效力,B. Windscheid, Lehrbuch des Pandektenrechts⁸, I, Frankfurt a.M. 1900, pp. 67 e 77 ss。

[36] 由 leges 与 mores 组成的古罗马法的表现形态多样,二者均为罗马人民意志的表达,因而在同一个层级上。盖尤斯依然在其《法学阶梯》(1,2)里面提到一个由多个相互之间并无等级差异之 iura 所组成的系统:罗马人民的法产生于法律、平民会决议、元老院决议、君主谕令、有权发布告示者发布的告示、法学家的解答(constant autem iura populi Romani ex legibus, plebiscitis, senatus consultis, constitutionibus principum, edictis eorum, qui ius edicendi habent, responsi prudentium)。在这方面,参见 A. Corbino, Fondamenti e forme del diritto nella concezione romana, in Studi in onore di L. Arcidiacono, II, Torino 2010, p. 84 ss.,特别是他观察到,在罗马人的眼里,"在第一个层面上的……不是 leges 或是其他规则文件,它们随着时间的发展后来与规范等同,也不是 responsa(它们识别出具有约束力的 mores),而是 ius"。[mores 并未现身于前引盖尤斯的片段之中的事实(仍然在前一节,作为罗马人民,正如对于其他人民一样,法系统之构成要素,与 leges 一道被提及),并无关系。在朝着专制时代迈进的过程中,它们已经被 responsa prudentium 所替代。参见 F. Gallo, Tra la recezione moribus e la consuetudine, cit.]。相较于我们的当代法,在罗马法

三、优士丁尼《法学阶梯》对于习惯的理论化

中,除了这个被指出来(而非被突出来)的之外,还并存另一个不见得更不重要的差异。在当代法,尽管优士丁尼"法律的学说"被忽略了,但影响一直持续。在立法层面,当代法少了一个渊源或者说法源的目录。在这方面,只有法学家的奇思妙想与各种表述,且相互之间甚至背道而驰。除了盖尤斯的文本(1,2-7),还可见彭波尼的(l. sing. Ench. D. 1,2,2,5-12)、帕比尼安(l. II def. D. 1,1,7)的以及乌尔比安(l. I inst. D. 1,1,6,1)的。此外,还可见保罗(l. XIV ad Sab. D,1,1,11)的文本。根据迄今依旧获得遵循的"法律的学说"的标准来看,这些都是"异端邪说",指出这一点是十分肤浅的。问题在于那个在罗马法学研究中未获得恰当表达的"具有论辩性质的法"(ius controversum)的含义,这个表述没有在我们所知的原始文献中获得证明,它扭曲了古罗马的法的观念。见下文 nt. 303.

[37]无疑,优士丁尼见识卓远,他早就意识到通过"法律的更易"而得以确立的"法律的学说"将来的命运取决于法学教师将其传递给后世。

四、优士丁尼的视角与教科书中的习惯

我从自己乡间居所中收藏的意大利私法教科书中[1]随机了抽中一本,[2]读到"真正的习惯"形成于"其他渊源不予规制的领域"[3]而且"仅仅在具备两项要件的情况下方为法之渊源:(1)普遍且恒常的行动上的一致;(2)遵守一项法律义务的确信"。[4]

这二者共同推导出了一个在当前教学活动中最广为接受并获得采纳的观点。虽然表述各异,正如博比奥(Bobbio)在70年前所揭示的那样,它具有"为普遍性所要求的中规中矩"因而获得阐述,属于"学说中明确且无可争议的一面"。[5]这看似没有问题,尽管二者对于优士丁尼所做建构的依赖通常被无视了。一方面,在这部教科书的表达里面,没有出现那些构成古代 mores 之内涵却被优士丁尼移除的那些元素(虽然它们并未在现实中消散)、法的技艺性、人民的意志、法学家的智识支撑。另一方面,"普遍且恒常的行动上的一致"与《法学阶梯》的文本揭明的三要素中的两个之间具有不可否认的关联:长期的持续[6]以及习惯对于法律的制约。当然,在第二点上不乏

习惯与新型合同：兼论法的技艺性的回归

失真与异象：法律所要求的普遍性（generalità）被归于构成习惯的各种各样的行为。此等前后不一并不应当令人惊诧，这是因为正如前面提及的那样，对于技艺性之根本面的移除已经将现实遮蔽住了，进而阻却了对法的习惯式形成的认知。

抽象构建出来的诸个要素不可能替换现实的诸个方面，正如历史法学派构想出来的法在人民信念中的预先存在（preesistenza）。[7]此等预先存在既违背了当代的共同经验，又违背了过去的经验。举例来说，融资租赁合同在被认识与适用之前，并非必然预先存在于意大利人民的认识或者精神当中。众所周知，它来源于普通法，随后才进入意大利。[8]与之类似的是古代罗马法学家构建出来的合意式买卖，[9]在其被创造与适用之前，是不存在的。[10]例子还有意大利语，它确实源于拉丁语，然而同样确定的是，意大利语在西塞罗或者君士坦丁的时代尚不存在。[11]

前面那本私法教科书认为习惯的第二项要件为"遵守一项法律义务的确信"这实际上是优士丁尼《法学阶梯》中的不成文法的第三项要件——"使用者的同意"——的结果。就习惯的形成而言，循着优士丁尼《法学阶梯》的轨迹，需要客观要素（反复为之的行为）与主观要素的结合。[12]在这条路走下去，人民的合意（consensus populi）或者意志（voluntas）被抛弃了，就像原始文献展现的那样，编纂者用"使用者的同意"予以

四、优士丁尼的视角与教科书中的习惯

替换。然而,这个同意相对于被使用之对象(习惯)的存在显得前后不一。就这样,以下观念得以维系:(在人民的意识中的)习惯相较于其被使用,是预先存在的,而后"使用者的同意"又为"法律确信"(opinio necessitatis)所替换,后者被解释成opinio iuris ac necessitatis,普赫塔和萨维尼对它有不同的理解。前者的说法与"所谓的法律确信"相符,赋予了它们"确信"(Uberzeugung)的意蕴,而后者赋予的则是"感觉"(Gefühl)。[13]

然而难点却未因此消除。真相是,被收录在前述教科书中且时常在教学中被提及无论是主观要素还是客观要素,它们在根上已经被罢黜了。

主观要件(在历史法学派看来,也是最重要的一个要件[14])尤其成为猛烈批评的对象,它由博比奥为了将其消灭而发起。[15]在他看来,这一要件因为循环论证而失去力量。[16]我尝试着指出它所赖以筑基的误解与模糊之处。感觉与想法(信心与确信)不会改变事物:不会令非属于法律的事物变成是法律的,也不会让属于法律的事物失去这一属性。更别说这种改变对于历史法学派的大家而言也不算成功,以至于他们不得不以有违现实且负有无法治愈的矛盾的方式,坚持宣称习惯相较于其构建与适用,是预先存在的(我已经举了融资租赁和合意式买卖的反例)。[17]

该法律义务的确信(opinio)回到了行为人的意志,此等意

志唯有在承认人民(以及组成它的公民们)具有制法的、不可为法律或者其他权力所排除的原初权力的情况下,方可使得那些新完成的行为成为合法的。[18]就这些行为而言,该意见与前述意志是分不开的,若无后者,行为根本不会被作成。

我无法想象,作为这一要件之下的法律义务(自己应当遵守它的确信)如何能够在现实中找到回应。在习惯的学理构建中,除非寻回被优士丁尼"法律的更易"移除的诸元素,对去遵守它似乎根本无法下手,因而也是做不到的。事实层面的情况有:例如,第一批缔结融资租赁合同的意大利公民——他们与后来缔结它的人没什么不一样——并没有甚至未曾相信自己有义务去缔结它,而是认为自己通过缔结此等合同,抓住了良机。换句话说,以较之银行更加优惠的方式获得融资。今天也是如此,企业家和一切利害关系人已经且仍然可自由地在传统方式与新的方式之间进行选择。与任何其他的合同一样,融资租赁合同也赋予缔约人权利和义务。它具有约束力:根据意大利民法典的表述"在当事人之间具有法律的力量"[19]。但是这一切,与那种持重地认为法律义务来自被提升为习惯之主观要件的确信的观点毫无关系。[20]

这本教科书提到的习惯的客观要件("普遍且恒常的行动上的一致")同样是与现实脱离的抽象建构的果实。

为了理解习惯的形成方式及其在意大利法中扮演的角

四、优士丁尼的视角与教科书中的习惯

色,需要把法律主义(legalistica)的藩篱移开。在意大利法(简短起见,我仅限于此)中,习惯并非一个独立的渊源,而是由法律规定并规制的。[21]我的论述所及的合同领域受到民法典的规制,后续的法律对其进行补充、变更。罗马法学家盖尤斯教导我们说,在法的领域,任何事物的"最重要的部分"(pars potissima)就是其起源,需要回溯起源,方可获得充分的了解。[22]循着他的教导,我们发现,在意大利民法典中规定的各种合同不仅仅是由法律导入的,还有通过习惯形成的。这部法典规范的第一类合同买卖的起源就是合意式买卖(emptio venditio),它就是在立法活动之外,于公元前3世纪以习惯方式获得接纳的。

合同类型的创制并未因为法典诞生而终止。在它之后[23]出现的新合同,不是由法律导入的,而是以习惯的方式形成的。[24]

现在,终于可以来谈谈所谓习惯的客观要件与现实的背离了。正如在该领域经常发生的那样,对连贯通顺的追求只是在表达的意义上进行的,不会去评判它是否与现实切合。面对现实,我要指出融资租赁合同在意大利获得接纳的两点情况:(1)最初的那些融资租赁合同,在时间上先于相关习惯的形成,却如同那些在此等习惯形成之后所缔结的合同那般产生法律效力;(2)所创制的并非一个统一的融资租赁合同种类,显露出来的其实是各种具体融资租赁合同,不同的作者的命名亦

各不相同。[25]此外,前面也说过,利害关系人中不乏有人继续以传统方式取得机器设备和工具,并未转向融资租赁合同。

相关学说并没有解释,在之前描述的现实中,习惯是怎样形成的,亦未指出它的形成在法律上的意义。在这样的现实中,却没有找到"普遍且恒常的行动上的一致"。在这样的情况下,似乎不能认为习惯的构成要素已然被确认出来了。[26]

四、优士丁尼的视角与教科书中的习惯

注 释

［1］P. Zatti e V. Colussi, Lineamenti di diritto privato⁴, Padova 1993, p. 32. 引起我注意的那些点并非旨在批判这本教科书,在我看来,它是十分珍贵的;而是为了彰显出,关于习惯的概念与解决方案持久依赖于优士丁尼对于古罗马法学家所做的描绘的曲解,以及与此相关的将现实情况——而它们恰恰终于是前述所描绘的那样——抹去。对于"法律的学说"的依赖显得十分明显,从"导论"部分对"对'法'的流行的含义"的展开中即可看出来(第2页),就此我引用开头的话"在'*意大利法*''*法国法*''*教会法*''*刑法*''*农业法*'诸如此类的表述中,'法'这个词可以为'法律'这个词或其复数形式所替换"［该观点在本书第11版中依旧保留下来,Padova 2007, p. 2］。将 ius 归入 leges 之中(更确切地说,是用后者覆盖住前者)的做法乃"法律的学说"的表现,与古罗马体系不相容,而且脱离现实。N. Bobbio, La consuetudine come fatto normativo (格罗西作引言), Torino 2010, p. 40［该作的第一版出自 1942 年,Cedam, Padova］,已经指出:关于习惯"在学界……最主要的误解"而且"以各种形式延续在法的整个的历史之中"是因为"一个视角的错误",本质上归因于这个事实,即法学家们已经在占据上风的法律的视角下研究了习惯法。这位学者的话引起了我极大的兴趣,将在下文第5节中详述。我在这里指出,他没有

习惯与新型合同：兼论法的技艺性的回归

说出前述错误视角的源头为何，已如前述，它可追溯至优士丁尼的构建工作，而这位法哲学家没有考虑到这一点，因为他不了解罗马法学的相关情况。我认为，研究习惯的学者们（博比奥亦不例外）的最大的不足，就是没有去思考习惯到底是如何形成且与现实适配的；从而在建构下面的各种理论中，不是以现实情况为基础，它们应被单独分析，而是以其受到前述优士丁尼的框架偏离所厘定的表象之上，先验地认为就是大体可靠的。此外，说这个视角错误延续在"法的整个的历史之中"也是不准确的（除非认为共和与帝政时期的罗马法不属于这个历史）。正如我在其他地方说过并且在此处依然坚持认为的那样，它们未曾蒙受此等错误，在其之上古代罗马法得以建立起来的那些要素（习惯亦然），随后被优士丁尼的"法律的更易"抹去了。

[2] 或许是无意识地为其蓝绿色的封面颜色所吸引。

[3] 这话符合《意大利民法典》序编第 8 条第 1 款中被认为是隐含着的规定："在法律和条例调整的范围内，只有当被他们援引的情况下，惯例（usi）才发生效力"。就其表述而言，这本书的话说得很清楚。于是该款所称的"范围"的含义为何，显得有些不清楚：我不认为这个词被用在这里的时候，就有一个可靠的含义。[G. De Nova, Il contratto leasing con sentenze e altri materiali[3], Milano 1995, p. 11, 自信地认为未调整的"范围"等同于法律和条例未予调整的"典型化的社会关系"，却似乎不那么靠谱：与本书主题有关系的《意大利民法典》第 1322 条第 2 款规范的是非典型合同

四、优士丁尼的视角与教科书中的习惯

(它规范的范围由此等合同构成)]。且抛开这些尚未搞清楚的模糊之处不谈,序编中的前款隐含规定又被后面针对法官的明确规定(第12条第2款)给否弃了。也就是说,在没有(法律)明确规定的情况下,可以类推的方式解决争议。显而易见,根据这条规定(针对法官,但是也具有普遍的意义,这可从该条的标题法律的解释中得知),唯一获得认可的习惯(意大利立法者使用"惯例"的标记指称它们)正是那些根据法律的习惯(于是也就是根据第8条第1款为其所援引的那些)。参见,《意大利民法典》第12条第2款,以及与其不同的《瑞士民法典》序章第1条第2款规定:"没有可适用的立法规定时,法官以习惯法裁判;无习惯法,法官依据若他为立法者则会采纳的规则"。

[4] P. Zatti e V. Colussi, Lineamenti, cit., p. 32 [11^a ed., p. 33]. 下划线为作者所作。

[5] N. Bobbio, La consuetudine, cit., p. 53.对此从来不乏激烈的批评(也有来自前面那位大家的),它却依然不动如山,主要原因有二:之后对于习惯提出的理论也同样不那么可靠(吕梅林、兰勃、彭梵得、博比奥等);在法制度中,长期以来常常只是极为有限地认可习惯的作用(因而不值得着墨过多)。关于第二点,在众多资料中,见 P. Bonfante, Per una revisione della teoria della consuetudine [a proposito dell'opera di É. Lambert, La fonction du droit civil comparé, Paris 1903], in Riv. dir. comm. 2 (1904), I, in part. P. 178:"我认为……在现代法制之中并没有习惯真正的位置,一如

习惯与新型合同：兼论法的技艺性的回归

在演进之后的罗马法制中没有此等位置一样"。此等确信的最意义深远的表现是意大利宪法以及其他现行宪法，里面都没有提到习惯，并且规定法官仅仅受制于法律。参见脚注116、255，以及前文注60。近期一本罗马私法教科书（这本也是我随机选取的）对古代罗马人的 mores 的描绘也属于这个理论，参见 D. Dalla e L. Lambertini, Istituzioni di diritto romano², Torino 2001（在这个问题上，与其1996年的第一版无甚差异）。作者在 p. 13 写道此等 mores 是"市民共同体的成员自无法记忆的长期时间以来在法领域采取的习俗与行为"以及"必须尊重这些规则的确信植根于传统、祖先的教导。它们是"作者明确指出"构成城邦之内涵的原则，一个已经作成的'秩序'（塔拉曼卡）……"在我看来，这几点尤其显眼：就像在罗马法论著中时常发生的那样，习惯式接纳在这里被忽略了，长时间以来如此，与此期间完全无关，它的独一无二的法的渊源功能以及之后作为法的通常功能，它的共同体成员自无法记忆的时间段的行为要件；显然，将前面已经揭示出来的优士丁尼时期伪造之后的样貌（尤其是用 usus 替换掉 consensus populi）归于古代的 mores 名下，一道的还有坚信法在人民的意识中先存（preesistenza）这个浪漫的神话。(N. Bobbio, op. cit., p. 91 在这方面已经谈到了"一个相当神话性质的人民之法"）。

[6]就 mores 来说，为"持久的"（diuturni）。对于 consuetudo，则是"长期的"（longa）。这方面在我们所掌握的原始文献中使用最多的词，见 P. Bonfante, Istituzioni di diritto romano, risr. 10° ed., To-

四、优士丁尼的视角与教科书中的习惯

rino 1951, p. 23 nt. 1。比如 C. 1,14,11 中的 adde,形容词"根深蒂固",此外还被用在了 leges 上(C. 10,72,2),萨维尼在 Sistema del diritto romano attuale (trad. Scialoja), Torino 1886, p. 185 ss.(System des heutigen römischen Rechts, Berlin 1840, p. 171 ss.)里面跟普赫塔一样,将这个要件消解,就当代罗马法而言,为以下三项不同的要件:(1)"它们应当更加适于"其数量是讨论的对象,确定更偏爱的是顺从于"法官的审慎裁断",此外还是在一个使人不禁思考它们的数量如此有限的背景下(值得铭记那个法官的审慎裁断的观点,以及那个认为,通常情况下,两个行为还不够,不过它们可以"例外地是足够的");(2)"统一的而非中断的行为"(接下来的解释称"如果在那些 atti 中有建立在一个相反的规则之上的,那么习惯就立不起来":这一点被认为是"无可置疑的"。);(3)"这些行为应当是长时间重复的"。此处的话表现得自相矛盾。(技艺性的一面被移除,习惯式形成不再是可以获得了解的了)。根据第一项要件,少数的 atti 对于确定习惯就已经够了,或者说,它们的数目反正是有限的,留待法官来判断,然而根据第三项要件,它们"应当是长时间重复的"。第二项要件中规定的,为了确定而需要的行为,若能"建立在一个相反的规则之上",便否弃了历史法学派的根本理念。事实上,说法先存在于人民的意识之中并在其中表现为相互冲突的各项规则,这个说法站不住脚。此外,前述所谓不可或缺的对行为的统一性的需求,一方面,在大多数情况下(如果说不是全部的话)阻碍了习惯自身的形成;另一方面,又

与罗马法通过"具有论辩性质的法"的明确的特征相违背,尽管它本身也不怎么贴切。

[7]习惯在这里由其门徒普赫塔在其两卷名著 Das Gewonheitsrecht, I, Erlangen 1828 和 II, Erlangen 1838 中专门研究过了,但是,在我看来,习惯(总而言之,法)在人民意识或者精神中的先存理论是从大师萨维尼的创造(它是历史法学派的若干启发性理念中的一个)。关于萨维尼,见前引 Sistema, I, cit., p. 42 ss,关于"法的普遍源头",我引述相互之间不那么协调的两段:

——第 42 页:"……在一个法律关系进入脑海、成为问题的时候,规范它的一条规范却已经存在很久了,于是既无必要亦无可能于此时首次将其发明出来。与法的此等一般品质相关,它于是在任何情况下,都可以获得主张,已经是事先形成的,真实存在的,我们将之称为*实在法*"(斜体为作者原创);

——第 44 页:"……法在人民的共同意识中生存的形式,并非那种抽象规则的形式,而是对诸项法律制度之有机整体鲜活的直觉力。因此,当出现以其逻辑形式来理解规则的时候,这应当通过一项技艺的措施来获得理解,从而将其从总体的直觉力中抽取出来"。[这两支之间的分化表达的是给普赫塔以及萨维尼的习惯学说造成缺陷的根本性矛盾,根据它,其形成一方面对一系列要件提出了要求,另一方

四、优士丁尼的视角与教科书中的习惯

面还要求其先存(后一立场不完全与其发布所要求的"技艺的措施"吻合)]。

[8]下文第8节将说明,通过习惯式形成。

[9]这是法律领域最重要的成就之一。

[10]人们认为这与公元前3世纪罗马在地中海地区的商业扩张有关。罗马法学家对此已有认知。参见保罗的著名的有关origo emendi vendendique 法言(D. 18,1,1, l. XXXIII ad Sab.)通过合意式买卖来满足的需求在前述商业扩张之前就已经出现了,在当时的条件下,罗马人已经试着对其通过要式口约进行规制。

[11]同样地,所谓的新词(neologismo),在此等需求出现且依然不断出现之时,未曾给出过现在也没有给出,比如说,词汇"望远镜""电话"(以及最近的"手机")"汽车""电视"以及"番茄""土豆""橙子""猕猴桃"。罗马法遗失的遗产中第一项有待寻回的要素便是在法的研究与建构中遵循现实,它包含了人的各种需求,应当获得考量,正如在现实当中,它全然仰赖于人的活动,而非像时常说的那样,是已立之法的残本,后者倾向于将其与自然的因素相提并论。

[12]特别参见 G. F. Puchta, Das Gewonheitsrecht, cit., II, p. 33 (见其总目录, p. VIII),解释了这个要件,认为该诉权应当以原告法律上的信服为基础。

[13]萨维尼的说法在后世教学中流传下来(opinio necessita-

tis),与普赫塔一致,它常常被理解为确信(convinzione)。

［14］参见萨维尼 Sistema, I, cit., p. 188. G. F. Puchta, op., e loc. cit.,开启了从这个要件的角度来讨论该主题。

［15］N. Bobbio, La consuetudine, cit., p. 59:"只应该消灭这个'法律义务的确信'"。

［16］Op. cit., p. 57 ss.

［17］预先存在在他那里似乎与为其形成而所为的那些行为(atti)的要件是冲突的。

［18］正如实际发生的一样,尽管此等情况并未在现实当中获得认识。

［19］第 1372 条第 1 款

［20］在我的认知范围内,不存在任何认可意见或者确信此等力量的法制。

［21］如前所述,尽管它没有被规定在宪法中,在其之中被形容为"共和国的根本法律"。前面说过,习惯作为原初的渊源的理念已经在优士丁尼落实"法律的更易"的时候被移除了。

［22］Gai. (l. primo ad legm duod. tab.) D. 1,2,1

［23］概况且含有研究与裁判现状,参见 P. Gallo, Trattato del contratto, I. La formazione, Torino 2010, p. 140 ss. 新型合同中有几个有一个外文名称,对应的是它们自其所出的法域。

［24］见后文,尤其是 § 9。

［25］见 Buonocore, Leasing, in NovDI, Appendice vpl. IV, Tori-

四、优士丁尼的视角与教科书中的习惯

no 1985, p. 798, nt. 2, 指出, 在两种主要的类型之外（它们最常见的名称是 leasing finanaziario 与 leasing operativo）, leasing finanaziario 的次级类型还有"lease-back"亦称"sale lease-back"、"所谓的公共 leasing"以及"所谓的 agevolato leasing", 还有特殊的 discounted leasing 和 leasing adossé, 尤其在外国获得运用。确定的是, 依然有可能在将来形成其他新的次级类型。[Buonocore, op. cit., p. 799, 还提到了"迎面融资租赁法律问题的第一篇文章"（GT. Valati, Aspetti giuridici del leasing finanziario）刊载于 Il diritto dell'ecomomia, 15 (1968)这本期刊上的。我的故友 Mario Longo, 法与经济的研究者, 是它的主编之一]。

[26]前面说过,"法律的学说"的影响决定了这方面的建构具有无法克服的前后不一致。前面提到的（并非分类性质的）私法教科书中就有不少例证：P. Zatti e V. Colussi, Lineamenti, cit., p. 365 e 500 (11ᵃ ed. 2007, p. 394 e p. 522)。在第一个地方阐明了"典型合同, 或称有名合同（由法律规定并规制）与非典型合同, 或称无名合同（由当事人的自由决定所创设）"的区分。在第二个地方明确是融资租赁（由于尚未被意大利法明确规定, 意思指的是意大利法律）属于"无名, 但是, 我们可以说, 却不是非典型的, 这既是因为遵循的是稳定的模式, 也是因为在若干立法文本中被*提到了……*"我们看到, 意大利法被认定为法律的同义词, 相应地, 习惯被认为是位于新型合同之形成的视野之外, 我们已经看到, 这却与过往的经验以及近日的情况相违, 至今依然如此。缔结一项

习惯与新型合同:兼论法的技艺性的回归

非典型合同的当事人,没有创设一个新的合同类型。合同的典型性(这本教科书也倾向于承认)不取决于渊源,而取决于其稳固的面貌。融资租赁不见得就比,比如说,appalto 和运输合同而言更加不典型。[Sacco, in Sacco e G. De Nova, Il contratto, II, Torino 1993, p. 435 (3ª ed., Torino 2004, p. 456)中已经意识到了在新型合同中,融资租赁可谓"合同类型的经典样例"]。尽管融资租赁合同根据这本教科书的表述"尚未被意大利法明确规定",拥有一个学说(包括这本教科书自身)与裁判广泛认可且被立法者使用(如1969年2月21日法律第1条第3款,n. 70;亦见1993年7月14日法律,n. 259,针对的是"批准 UNIDROIT 关于国际金融融资租赁条约,1998年5月28日,渥太华")的名字,于是不能说是一项无名合同。"法之技艺"的运用,一如其他任何面向实践目的的技艺,要求严格地遵从现实。

五、博比奥挑明的习惯理论的视角错误

博比奥在西方法律传统中的习惯脉络中觉察到一个具有双重含义的"视角错误"。[1]

第一重含义:"……法学家们所处的环境通常不喜对习惯法展开研究,所以他们有条件跳出其最初的框架来观察它,而是从作为另一种渊源而获得接纳的初始渊源(fonte primaria)的角度出发。于是要关注的是,抓住它的那些使其得以获得主流法源(fonte prevalente)的接纳,进而容身于一个以更加成熟的法科学为基础的法秩序当中。"[2]

博比奥亦未免于遭受优士丁尼的流毒。习惯是立法体系(sistema legislativo)之边角料的通常见解,认为这个观点"建立在一个更加成熟的法科学上面的"想法,不过是一个缺乏现实根基的推测,其来源是优士丁尼用"法律的学说"替代法之技艺(ars iuris)。这位法哲学大家不可能了解"法律的更易",[3]因为罗马法学家自己都没思考过它。尽管如此,他虽然没有前述认识,自优士丁尼的人对习惯的理论化工作,也就是根据"法律的学说"来落实"法律的更易",这位学者为其在后世法

科学中且延续至今的各种效果提出了一种阐述(rappresentazione),这也是实情。很难不从这位学者自主的阐述中,识别出优士丁尼创造的 permutatio 在西方法律传统中对习惯完成的一个转向(rivolgimento)。此外,他的思考中也反映出法律科学建构对历史认知(conoscienza storica)的需求(遗憾的是,他自己也没做到这点)。

第二重含义:"关于习惯法性质的诸种学说不仅属于法之演进的最初阶段,彼时,习惯构成头等法源(fonte primaria),它们还属于体系的科学形成的远为晚近的阶段,当其时,其他更为深思且直接的法源已经对习惯占据了上风。亦因其故,习惯已不再在其最初的意义上,而是在其当前价值的意义上获得遵守,呈现出固化、退化以及屈从等现象,这些必然导致对其进行贬抑的企图,让人们觉得有必要将其倚靠在某种外在的基础之上。"[4]

在这重含义上,我不认为习惯理论的视角错误可以被归于以下事实:习惯已经失去了头等法源的角色,它当前在法的创制中的角色,不论是在立法还是学理的层面上,已经蜕化成一个边缘角色。正如以习惯方式形成的新的合同所展示的那样,前述萎缩与现实不符。无论如何,船一直都是船,除非沉没,于是习惯一直都是法的渊源,只要它依然在创制法,而与它创制的数量无关。

五、博比奥挑明的习惯理论的视角错误

在这重含义上,前述视角错误的缘由藏得更深。可能多少让人吃惊,这个错误的原因在于没有理解习惯的构成要素,它们被优士丁尼抹杀掉了,也没有在后世的法律传统中被重新寻回。这个问题将在后面细说。[5]目前,指出这一点就够了:在有关新型合同的论述中,法律渊源的问题似乎被遗漏了,在我的阅读范围内,没有一篇将其符合现实地确定为习惯。

注　释

[1] N. Bobbio, La consuetudine, cit., p. 40 s.为了避免争议与误解,我援引这位学者自己的话。

[2] 没有提"视角的错误"并且引用西塞罗 de inv. 2.53-54,萨维尼 Sistema, I, cit., p. 161 s.将有关习惯的一个类似的走歪路归于罗马法学家名下:"在古罗马法学家那里,我们没有看到习惯法得到了它理应得到的认识重要性。这便很容易解释为什么在他们的时代,大多数古代各国的习惯法很久以来转变成了其他形式的法,以至于其似乎已不再符合自己原初的样子"。进一步的论述见后文脚注 87。在这一点上,由于历史法学派创立者接受了优士丁尼的视角,于是他的评价走上了邪路。

[3] 我们通过这个表述也呼唤那些被优士丁尼的人——打算永久性地消灭而且迄今仍未为法科学寻回的元素(对于习惯来说,其诸元素来源于现实)。

[4] 关于罗马法学家,参见萨维尼 Sistema, I, cit., p. 161 s.:"他们所处的时代……不怎么适合创制一个新的普遍的习惯法系统……"这位大师没有走到到底是什么组成了"由习惯接纳的法"(ius moribus receptum)及其在罗马法中扮演的角色的地步;此外,诸元素仍然习惯性地没有得到罗马法学界的思考。

[5] 参见第 9 节。

六、优士丁尼对于后世习惯理论的影响

博比奥[1]将有关习惯法基础的诸种理论划分为"三大类：传统理论……直至历史法学派崛起之前，占据支配地位……历史法学派的理论，它为潘得克吞学派开辟了道路，却在法典编纂运动中沉寂下去；[2]现代理论[3]……可以说它就是兰勃（E. Lambert）的理论……而它同时在英国……和德国获得重大的发展"（在德国"受到了自由法运动的影响"）。我接下来将详细分析这个纲要，力求将之表述得更加清晰。

传统理论（所谓的罗马-教会法理论）被错误地归在古罗马法学家名下，由此造成了一系列混淆。[4]博比奥循着罗马法研究的路子往下走，却以一个并不存在的前提为依据，亦即习惯在西方法律传统中的面貌和观念一直未曾改变，直至历史法学派。就此，至少有三点值得关注。

根据罗马人的古老观念——尤里安合乎现实地将其理论化——主权属于人民。就法的创制而言，人民对它的行使，要么是在相应的集会中投票，要么是通过自己的决断行为（"通过事实本身和行为"），习惯式地（moribus）予以接纳。这里所

说的,是人民原初的且不可抛弃的特权(prerogativa)。具言之,它并不会因为将各项权力归于皇帝一职享有(归于在 imperium 中)继而传递给其继任者们而消亡。

捏造出《授权法》(lex de imperio)的优士丁尼"发明"了将一切(主权性)权力从人民那里移转给皇帝的历史过程。[5]与此相应,优士丁尼《法学阶梯》的编者们将不成文法(ius ex non scripto)明确为习惯(mores),同时还将法的习惯式接纳限缩为使用(usus)。[6]《学说汇纂》的编纂者们则将法的习惯式接纳归入 consuetudo 之中,为了达到这一目的,他们还在相关之处对尤里安的法言实施了"添加"。[7]即便如此,他们也没有把人民主权的理论[8]从文本中抹去,而是止步于在最后一句话中,以"立法者的表决"(suffragio legis latoris)替换了"人民的表决"(suffragio populi)。[9]

中世纪晚期的法学家开启了对优士丁尼法典编纂的研究,他们在从事这项研究的时候,一方面,缺乏恰当的历史依据,[10]另一方面,他们的目的是从中获取一套于其时代有效力的规则(随后被称作"共同法",也是罗马法、罗马法传统的第二次生命)。于是,他们——这也是当时的普遍做法——也尝试着协调关于习惯的对立的那些立场,并且在共和制与君主制的区分中找到了它:在前者,人民作为立法职能的承载者,也有权形成习惯;在后者,立法权由君主独享,因此,为了形成习

六、优士丁尼对于后世习惯理论的影响

惯,必须获得他的同意,还有一种解释则认为,[11]只要获得他的容忍即可。[12]

抛开这些幌子不谈,作为尤里安习惯理论之基础的学说在"法律的学说"的视角下已经被抛弃了:习惯的形成不再被认为——而这恰恰是现实本身——是人民的一项不可消灭的特权,并且在每个法秩序中都是如此般存在的,[13]人民转而认为,习惯的承认及其作用取决于一项更高的命令性根源。彼时,优士丁尼的智囊团所做的将习惯屈身于法律的论证,已经获得接受。[14]

这些人的工作成果对于历史法学派理论的影响更加深刻。如前所述,优士丁尼《法学阶梯》已经将习惯的形成(以 mores 的符号呈现)贬抑为对习惯的使用,用呼应其运用的"使用者的同意"(consensus utentium,使用一项既存的习惯)替代了"人民的同意/意愿"(consensus/voluntas populi,它对于习惯的形成是必需的)。习惯预先存在于人民意识之中的浪漫观念被推翻,从而为这本教科书提供理论支撑。在我看来,这一点是毫无疑问的。我认为历史法学派奠基人(即萨维尼)的一段话尤为重要,在这里面,他将"人民的同意"与"使用者的同意"画等号,[15]还在脚注里面引用法的习惯式创制的基础文本。[16]根据他的构建,即便是尤里安片段中的"民众的意愿"(voluntas populi),也与新法的习惯式创制无关,而是与既存的

法之适用(使用)有关,尽管它在此之前尚未被适用过。依据这个文本的框架,这个观点是站不住脚的,也与文本的阐述不匹配,即位于头段的第一句话中以及(更进一步的)"习俗设立的法"(ius moribus constitutum)的"应该遵守由习俗和惯例确定的规范"[id custodiri oportet, quod moribus (et consuetudine itp.) introductum est,]第1段开头处的句子里面。

在我看来,一个反历史法学派理论的观点更加有力。我们知道,根据尤里安的理论,习惯式接纳的对象不仅有新法的创制,还有既有之法的废弃,不管它是习惯式的(moribus)还是法律式的(legibus)。"习惯预先存在于人民意识之中"的魅惑使那些杰出的思想家仅仅认识到习惯的形成,然而这些魅惑似乎却无法作用于前面提及的废弃。这并非无法想象,规范之所以不存在,当然得有其理由,并据之出现了"事实本身和行为"(rebus ipsis et factis)的废弃。

除此之外,历史法学派的理论还存在自相矛盾的问题。萨维尼指出:"在下大力气试图去武断地归拢一大群人的地方[17]而不去考虑他们截然不同的出身,正如在美国,奴隶制度获得允许,这一结果不仅令人不满,还为合众国的形成造成无法跨越的障碍。"[18]我得指出,这位德国法学大家的论断没有抓住问题的重点。[19]此外,他的论断与罗马法本身——不论是起初还是其后续的发展——构成冲突。[20]

六、优士丁尼对于后世习惯理论的影响

尽管 Lambert 的理论与前面谈论过的那些不同,却也属于罗马法传统之一部,而且同样来自优士丁尼的构建。在这一派看来,习惯本身并非法的渊源:它基于法官的认可而变成具有义务性的,从而负载法的价值。[21]

优士丁尼《法学阶梯》有一个片段[22]是专司法官的任务。这里引用它的头段就够了:剩下来朕要论述法官的职责。确实,法官首先须注意不违反法律、敕令或习惯的规定作出判决(Superest, ut de officio iudicis despiciamus. Et quidem in primis illud observare debet iudex, ne aliter iudicet, quam legibus aut constitutionibus aut moribus proditum est.)。法官在其判决中应当仅仅适用法律、敕令以及表述为 mores 的习惯。[23]

不过,优士丁尼在相关的基础性敕令中并没有提及习惯。在这些敕令中,法的创制和适用似乎排他地由法律与法官享有。特别值得注意的有:

——约在公元 529 年年末发布的敕令,在第一部法典公布之后被收录在了《新律》7, 45, 13[24]中:我们所有的法官要根据真相,追寻法律与正义(omnes iudices nostros veratatem et legum iustitiae sequi vestigia sancimus);[25]我们知道,在优士丁尼的编纂成果中,另外一条让法官在面临困惑之时以及在面对真实的或是推定的规范漏洞之时诉

诸皇帝启示的规定,补全了这条规定。[26]

——约在公元543年发布的《新律》第125号(彼时,优士丁尼法典编纂结束已有约10年)——§1:于是朕下令,法官不要以任何方式在任何时间就那些他们要处理的案件向朕上奏,而是要认真地审视它们,公正合法地处理它们……头段指出了优士丁尼进行改革的缘由,[27]正因此之故,《Tanta敕令》§18和§21里面记载的指令无疑被废弃了。

以上两道敕令的共同点是均未提及习惯,[28]却为相关的法律-法官之间的关系提供了全然不同的解决方案。两项方案在后世的法国法中都有自己的追随者。

孟德斯鸠从敕令7、45和13中(也就是说,从优士丁尼编纂的体系中)获得了启示,坚持主张法官就是法律之口。[29]如果法官总是应当在法律中找到适用于自己处理的个案的解决方案,那么,在有困惑或者出现规范漏洞的时候,需要立法者预先作出布置,从而将它们排除。法国大革命者的"立法提请"(référé législatif)也属于这一脉所复述。使用同样的标记,正是《Tanta敕令》§21敕令的规定。[30]

然而《法国民法典》采纳的是《新律》第125号的方案。以下是格外具有说服力的一些资料。

六、优士丁尼对于后世习惯理论的影响

1.共和十二年风月30日法律第7条:"自本法律可适用之日起,罗马法[31]、法令、共同的或是地方的习惯(coutumes)、规章、规范,在本法典规制的领域内,终止具有一般法律或者特别法律的效力"。

2.在《法国民法典》中,"惯例"(usage)[32]实质上替换了习惯。

3.《法国民法典》序编[33]著名的第4条规定:"审判员借口没有法律或者法律不明确、不完备而拒绝受理者,得依拒绝审判罪追诉之。"[34]

毫无疑问,我们可以在《法国民法典》第4条的行文中觉察到对"立法提请"的反动;我们同样可以确定的是,它也受到了《新律》第125号的启发,而从"立法提请"向着这个条文的迈进,可以说重复了从优士丁尼法典编纂到第125号《新律》的发展路径。

是时候给出结论了。兰勃在《法国民法典》公布之后一个半世纪之时所构建的习惯学说,不过是临摹了这部法典所承继的那条脉络。我们可以很直观地发现,这一学说在英国、普通法国家、德国以及自由法运动中受到追捧。

博比奥已经大力批判了兰勃的学说,[35]就此,我只是基于

对现实的思考而加上几点补充,仅涉及各种新型合同尤其是融资租赁合同。

即便是在法国,缔结的绝大多数的融资租赁合同都没有提请法官审查。[36]比如,大多数融资租赁合同根本就没有发生足以导致诉讼的纠纷(最开始缔结的那些合同,乃基于事物自身的力量,法官对于它们没有任何定论可言),它们在规范层面上将发生所预期的效果。如果出现真实的抑或推定的不履行或是发生了矛盾,而且双方当事人之间没能解决掉,那么,法官所面对的是确定若干条款的含义。法官就自己要处理的融资租赁合同案件所确立的边界,并未阻止在这个合同的框架之下又形成了新的合同类型。[37]

结论昭然若揭。不仅是各类融资租赁合同的形成,而且对其法律效力的认可,都不是因为法官而发生的;相反,即便没有哪怕一个融资租赁合同案件来到法官面前受到审理,这类合同同样会产生其规范层面上的效力。[38]还要注意的一点是,在法律领域,即便是在立法层面上,慷慨激昂的宣示——正如我们已经在习惯的形成中看到的那样——常常反映的并非事物在现实中表现出来的样子,而是人们希望其呈现的模样。

六、优士丁尼对于后世习惯理论的影响

注　释

［1］La consuetudine, cit., p. 41.

［2］殊难苟同他的判断。我指出一个颇有意义的例子。彭梵得无疑是一位原创型研究者(参见 E. Albertario, in Prefazione a P. Bonfante, Istituzioni, cit., p. XVI. 的作者在"前言"第 IV 页提到这本教科书的第一版已经由这位"三十出头的大师"在 1896 年出版了。)尽管关于习惯,彭梵得还是遵循着历史法学派的视角(由普赫塔定型),将其定义为"对符合人民之法确信的规范的自发遵守"。当然,彭梵得不打算将其面貌仅仅局限于罗马法,在教科书的第一版的"前言"部分(在第十版中依然可见),我们读到:"各项制度的学理表达……的逻辑基础在于优士丁尼立法的诸原则,历史起源根本谈不上,如果不是为了解释形成的方式以及所欲满足之需求的话"。博比奥(N. Bobbio)的判断尤其与下述事实相违背:至今依然时常被教授的关于习惯的课程,如前所述,源自历史法学派,根据它,被认为是习惯之所以形成的两项要素——客观的与主观的——就是复制的由该学派构建的要件。

［3］给出了——也不能不如此——这一名号。博比奥是这个问题的后续历史发展的主角,尤其是为以其著作为名的理论之构建上作出了贡献:La consuetudine come fatto normative.

［4］亦可见 N. Bobbio, La consuetudine, cit., p. 42 s.

[5]《Deo auctore 敕令》7.

[6]前文第 3 节。

[7]此处关于 3,1 中的法言 32(de legibus senatusque consultis et longa consuetudine,关于法律、元老院决议和长久的习惯)有关"长久的习惯"(longa consuetudine)的部分。所指的添加出现在§1 的开头:*Inveterata consuetudo pro lege non immerito custoditur, et hoc est ius quod dicitur moribus constitutum* 。(根深蒂固的习惯就像法律一样被遵守,这就是被称为由习惯所组成的法。)尤里安已经将习惯式接纳论证为人民主权的展开,而后优士丁尼的人将它归入了 *consuetudo* 。此等纳入从该题的名称中即可得知。

[8]常常被学者们概括为尖锐的问询式修辞事实上,民众表达自己的意志是通过决议还是通过事实本身和行为又有什么区别呢?(*nam quid interest suffragio populus voluntatem suam declaretaut rebus ipsis et factis?*)位于有关法的习惯式创制的部分(*nam cum ipsae leges nulla alia ex causa nos teneant, quam quod iudicio populi receptae sunt, merito et ea, quae sine ullo scripto populus probavit, tenebunt omnes*,实际上,如果不是因为这些法律被认为由民众决议所接受的话,它们就没有任何其他理由来约束我们,因此民众通过的没有成文的东西也有理由对全体具有约束力。)有关其因为"脱离使用"(*per desuetudinem*)而废弃的部分[因此很正确地接受了这个原则:法律不仅通过立法者的表决而被废除,而且也可以通过全体默示同意的废弃而被废除。(*quare*

六、优士丁尼对于后世习惯理论的影响

rectissime etiam illud receptum est, ut leges non solum suffragio legislatoris, sed etiam tacito consensu omnium per desuetudinem abrogentur)]对这段添加的最全面的分析见 F. Gallo, La sovranità popolare, cit.。要强调的是,正如尤里安证实的那样(rectissimum etiam illud receptum est, ut……),人民主权的这两项展开(ius 的创制与废弃)都已被习惯式接纳。

[9]显然,事关优士丁尼规定的"更易"这一"标记"。它们对于理解完成的转变已经是足够的,显然,不仅对那些实施的人(两位大臣特里波尼安和康斯坦丁诺,四位教授——其中的两位和十一位律师也参与了《法学阶梯》的写作)是如此,而且对于其他人,那些由于自己的职业而与此相关的人而言,亦是如此。遂提出对此等添加行为展开修正;确切地说,优士丁尼的人在编纂 iura 的时候为了落实"法律的更易"而运用了若干手段,使其至少能够与所使用的古典文本中的"法律的学说"协调一致。它们当然导致了对此等文本的更改,只不过一并运用了那些用来确保预定理解(precomprensione)的手段,就像在 mores 上发生的那样,目的是将其贬抑为 consuetudo。进入第二个千年以后,解释者在接受《学说汇纂》的时候并不具有那些将优士丁尼的观点与古罗马的观点辨识开的必要工具。于是,对于了解优士丁尼的宏图,还有很长的路要走,然而在这方面,"法律的更易"的根本目的至今却依然被忽视。

[10]他们通过优士丁尼的讲述尤其是《学说汇纂》来了解罗

马法的历史,后者本身具有法律(leges)的约束力。

[11]比如,它出现在博比奥前书中关于阿奎那的部分,Bobbio, op. cit., p,43, nt. 6.

[12]法学家们在这里认为,此等同意是推定的。

[13]可是,与官方的规定恰恰相反,在其法典编纂的效力之下,习惯式形成在优士丁尼的时代并未消亡;一样地,它不论是在绝对君主制还是立宪君主制下依然留存(不限于后续的罗马法传统),即便是在最严苛的独裁制度下依然如此。

[14] F. K. von Savigny,Sistema, I, cit., p. 184,我们读到"习惯法……于此处表现"(在君主国中,含立宪君主国)"为臣民的一种对主权的反抗,就像是对至高权力之一部的侵夺;一项如此之危险的事实,于是一个详加考虑的正当化(legittimaziione)便有其必要。这只有在立法者同意之时方可实现,但是并没有包含(一如在共和国中)在习惯本身当中,而应当从外部达到"。我认为应当反驳以下观点:没有哪个共和国里的生成习惯的权力回归到习惯本身,而是归于人民的主权,法的创制正是其最高层次的展现。

[15]这里的等同(我们需要在此考虑它)将前者贬抑缩减为后者。

[16] F. K. von Savigny,Sistema, I, cit., p. 162.

[17]多维度的视角已经在阿奎那那里出现了。

[18] F. K. von Savigny,Sistema, I, cit., p. 54.

六、优士丁尼对于后世习惯理论的影响

[19]这位大学者的另一个错误的历史分析可见 op. cit., p. 162 s,为了展现该理论化的武断性,他在这里认为"毫无理由地"归于尤里安名下,在其看来,公民们创造法,除了通过在各种会议中投票,还通过事实本身和行为,他指出"习惯法因此而显得与一种特定的政制直接关联……将会在帝政时期的罗马以及现代的君主国中失去其效力"。在这段论证中,再加上前述搞错了的历史分析,将现实与其表征混淆的现象是很明显的。

[20]关于起源,最新的论述,见 E. Cantarella, I miti di fondazione, in E. Cantarella et alii, I giorni di Milano, Roma-Bari 2010, p. 14 ss.=[Diritto e società in Grecia e in Roma, Scritti scelti, a cura di A. Maffi e L. Gagliardi, Milano 2011, p. 840 ss. (p. 841,2011 年卷 p. 15 概括道"罗马是这样的一座历史性的城市,世系的混合与归并在其之中从一开始就发生"。)]

[21]参见 N. Bobbio, La consuetudine, cit., p. 45. É. Lambert, La fonction du droit civil comparé, I, Les conceptions étroites ou unilatérales, Paris 1903, p. 802,表述如下:"裁判界对于法规范当中之法情感改变面貌而言是不可或缺的力量。它的介入对于将单纯的用法(usages)、贸易惯例、约定转变为长期的、真正的习惯,是根本性的。裁判界在习惯法的发展过程中发挥的作用,就好比工具和工业机器在将原材料转变为成品的过程中的角色。"这位法国学者时常用到的多维度且精准的分析评价需要认真对待。但是,我还是得指出,他对于"罗马习惯"的复原(op. cit., p. 713

ss.)与罗马法中法的习惯式形成之发展历程的各个阶段是对不上的,这些阶段可以被简单概括为:习惯式接受的阶段[F. Gallo, La recezione moribus, cit., p. 105 ss.(=IURA 2004-2005, pubbli. 2008, p. 1 ss.)],ius respondendi 阶段[在这一阶段,被皇帝授权的法学家的解答(responsa)叠加于 mores 其上:参见 Tra la recezione 'moribus', cit., p. 253 ss.]以及设计出 consuetudo 以满足将市民籍授予帝国全体臣民所造成的各种需求的阶段(参见 F. Gallo, Le consuetudini locali, p. 103 ss.)。

[22]4,17 的倒数第二个片段。

[23]优士丁尼《法学阶梯》区分 leges 与 constitutiones 是一个语言-理论上的阐释。在优士丁尼的法典编纂中,leges 的记号有时候被用来表示(在"罗马人民"的古老的 leges 以及同样的古罗马法之外:参见优士丁尼《法学阶梯》Inst. 1, 2, 3-4 与 Tanta pr.,在这儿,此等法被表述为 leges antiquae。)优士丁尼所有的立法举措。易言之,不仅是那些他直接实现的,还有那些通过编纂委员会实现的;有时候又仅仅指通过编纂委员会实现的。敕令是皇帝颁发的规范措施。在区分的视角下,优士丁尼说,就《学说汇纂》而言,里面的"法律将拥有敕令的效力"(《Tanta 敕令》20[a];见 Imperatorium 中的 Institutiones 的各种阐释, § 6)。

[24]题 7, 45 的标题是 de sententiis et interlocutionibus omnium iudicum.

[25]在这一段(在我们手头的文本中,由 nam 引出)中确定

六、优士丁尼对于后世习惯理论的影响

了法官所应当做的;在更长的前段中,明确指出了他们应当避免做的,以说理的名义,概括在插入句中:如前所见,这里阐明的原则恰恰与普通法流行的 stare decisis 原则相反(non enim, si quid non bene dirimatur, hoc et in aliorum iudicum vitium extendi oportet, cum non exemplis, esd legibus iudicandum est)。

[26]《Tanta 敕令》§§8 与 21。

[27]在产生了大量的争议并且涉案之人付出了巨大的代价之后,许多法官将争议上奏给朕。朕以为有必要打击这种滥用一般之法的做法,从而诉讼不至于旷日持久,新的案件不再发生。(Quoniam quidam iudicantium post multa litis certamina et plurima a litigantibus Jacta dispendia in negotiis apud eos motis suggestionibus utumtur ad nostram traquillitatem, praesente generali lege hoc perspeximus emendare, ne dilationes negotiis ex hoc fiant, et aliud rursus principium examinationes accipient.)有关优士丁尼通过这道《新律》实施的改革,见 F.Gallo, La codificazione giustinianea, in Index, 14 (1986), in part. P. 36 ss., 最近的, F. Stizia, Consultatio ante sententiam e Nov. 125, in Studi in onore di A. Metro, VI, Milano 2010, p. 1 ss.

[28]由此可见,在优士丁尼法中,最高层级渊源里(也就是敕令)有关法官之任务的规范中没有提到习惯。当代法中情况相似。比方说,《意大利宪法》就没有提及习惯,其第 101 条第 2 款规定:"法官只服从法律。"在那些呈现此等要素的他国宪法中,我举德国为例,因为德国法承认(至少过去承认过)习惯规范与法律

105

习惯与新型合同:兼论法的技艺性的回归

规范的同等地位。我不认为,德国理论关注的是其起源问题,即便它存在且并非无意义。法官唯独服从法律,规定在该国基本法中(第97条),看起来与其被承认的习惯与法律规范的同等地位并不匹配。新的规范(由更高渊源发布也一样)废弃了那些与它相违背的规范。此处提问有其道理:在如今的德国法中,根据德国基本法,是否依然像过去那样,承认习惯具有与法律规范的同等地位? 习惯(usi)的问题,为学说所无视。同样的问题还可以对《意人利宪法》提出,后者压根没有提及它。此等缄默的含义何在? 尤其是它在《意大利宪法》第1条第2款("主权属于人民,其在宪法的形式与限度内行使它")、第101条第2款中的含义为何? 以及在第134条(关于宪法法院的任务)之中含义为何? 此外,尽管没有仔细地研究,这到目前为止看来都是清楚的,在《意大利宪法》中,亦如在其他国家的宪法中,基于优士丁尼的"法律的学说"已经获得了充分的表达。在《意大利民法典》(第1条,"关于法律一般的规定")中,习惯也位列法的诸渊源之一,不过被贬抑——循着优士丁尼《法学阶梯》的轨迹,且为《法国民法典》接纳——为"usi"。在法律和usi之外,这里还罗列了"regolamenti"和"norme corporative"。前面这些总体可归入法律,归入法的权威式创制,总括地以"法律"这个标签来表达;而后两者,在意大利法中,则是流星划过星空,已经通过战争期间对工团主义的镇压而被取消。[众所周知,用来表述法体系的二项式"法律与习惯"(leges et mores)(换个角度看,为它的渊源),位于盖尤斯《法

六、优士丁尼对于后世习惯理论的影响

学阶梯》的开头]。即便如此,正如前面说过的那样,后面的第 12 条第 2 款(当然是面向法官的,至少在第一次面如此,这里使用的动词"判决"也表明了这点),无视"usi",规定在没有(显然指的是立法的)"具体规则的时候",争议应当通过诉诸 legis 和 iuris 的类推。指出来的这个问题也需要深入(显然,要延展至意大利海商法第 1 条第 1 款和第 2 款)。然而有一点情况是很清楚的:前述第 12 条第 2 款(就算不管后续出现的有关法官的宪法规定)它不仅仅与 contra legem 的习惯,而且与在法律之外的习惯不匹配。

[29] 孟德斯鸠:《论法的精神(第 1 卷)》(ed. G. Truc), I, Paris, 1961, p. 171,在这儿解释了它们"既无强力亦无效力"来缓和它。

[30] 但是……如果某些内容看来模棱两可,这应由承审员提交给皇帝的最高裁断,并根据奥古斯都的权威加以澄清,他是唯一被允许制定和解释法律的人(*Si quid vero……ambiguum fuerit visum, hoc ad imperiale culmen per iudices referatur et ex auctoritate Augusta manifestetur, cui soli concessum est leges et condere et interpretari* .)参见 § 18。

[31] 这个表述也是对优士丁尼以 leges 替换 ius 之视角的模仿。

[32] 在这部法典条文中出现的次数相当少。

[33] 它的编名为"法律的公布、效力及其适用之一般",相应地,在里面没有出现"usages";相反,位于现行《意大利民法典》之

首的"关于法律的一般规定"中,出现了惯例(usi)。

[34]更加详尽的分析,参见 F. Gallo, Interpretazione, p. 313 ss.

[35] La consuetudine, cit., p. 45 ss.更全面的分析参见 P. Bonfante, Per una revisione, cit.,其最根本的论点在我看来是不成立的,见前文注 62 与 90。

[36]显而易见,法官的判决不见得是必需的,因为具有法意义的事实与行为自会产生其效果(另外,它们可用于体现为以司法方式主张运用这些事实与行为的需求)。否则的话,法官人数将比民众人数还多,这是无法接受的,这些民众日复一日地产生大量的法律事实与行为,无论哪个法体系都应付不来。法为了维持自身的存在,要求较高程度的自发遵守,应当获得悉心的维护,而如今的情况似乎恰恰相反,处于普遍漠视的情形中(我指的是意大利的情况),越来越多地呈现违反法律要比遵从法律获益更大的情形中。

[37]有关 leasing adossé,见 G. De Nova, Il contratto di leasing, cit., p. 79 s.

[38]所有这些,我附带地说一下,法官们对于法的发展的共同参与,在我眼中,较之传统观点,意义更大。

七、法的技艺性质与作为规范事实的习惯学说

还有一种追随者众多的习惯学说有待考虑,那就是作为规范性事实(fatto normativo)的习惯理论。[1]在这个名单里面,我记得的有作为非意愿性的法(involontario)的习惯说、作为自发的法(spontaneo)的习惯说以及作为缄默的法(muto)的习惯说。此外,还要加上作为心照不宣的法(tacito)的习惯说,它之前似乎已被超越,后来又被重新捡了起来。[2]

博比奥的理论是最广为流传的作为规范性事实的习惯理论,他在此前已多次提及的那本书中提出了它。[3]即便是这位大师,其论述似乎也没有考虑现实(realtà)。我转述一下他的整个论述的中枢。他在明确了为了表述习惯而去克服"在反复为之和确信之间"的各项困难[4]的诸种方案均已失败之后,这位法哲学巨匠指出,剩下来解决这些困难的唯一选择就是消除"两个术语中的一个",他还补充说,鉴于消除反复为之会造成习惯本身的消除,于是就"只能消除法律义务的确信"。[5]

他将法律义务的确信从习惯的形成要件里面抹去,不是没

习惯与新型合同：兼论法的技艺性的回归

有道理的。[6]不过这个抹去建立在这样的前提（未经论证却好似理所当然）之上，亦即在习惯之中没有任何的主观要件。逻辑上的跳跃在这里显而易见：同其他任何领域一样，在法的习惯式形成当中，一个特定要件的退场，不等于任何一项要件均缺席了。在这一点上，博比奥没有走到对现实展开思索的那一步，而是止步于学理上的建构，未将其与现实进行比较。于是，他陷入矛盾与冲突之中，也歪曲了现实的一个面向。

他在关于习惯之形成的后续论证中指出：形成过程之中的时候，人们"唯一缔结的是一项事实的/自然的债，唯有时间或者传统会将其转化为一项一般的/抽象的债，当此之时，一系列的这类行为的重复将通过榜样的力量造就出'遵守这一规则，乃是强制性的'确信或者信任。"[7]

这个矛盾昭然若揭：确信先是被消除，而后从对法律规则之强制性的前述确信或者信任中浴火重生。同样也无法否认它与现实之间的偏离：具体说来，我们可以肯定地说，其实第一批融资租赁合同（第一个、第二个、第三个等）在法律上是有效的，在法官面前是可诉的。它们在规范层面上（与法律规定了的典型合同并无不同）将产生预期的效果。好几年来，没有任何一个合同需要法官裁判。[8]

博比奥习惯理论的致命缺陷[9]就是对法的技艺性欠缺思量。为了恰当地评价它，需要考虑若干因素。

七、法的技艺性质与作为规范事实的习惯学说

——法的技艺性质未被谈及。尽管被忽略了,然而它无论是在过去还是在当下的人类的法之中都是显而易见的:我们可以说,它就在大家的眼皮子之下。毫无疑问,人在自己身上不光找到了使聚居的共同生活可以接受,以及尽可能地更美的动力,还找到了必要措施的标准与尺度,它们是不会萎缩成被制定出来一般抽象的规范的。[10]从此等规范以及案件的判决的方面来说,尤其要铭记智识的支撑:学理的建构并且将法律智慧传递下去。"己所不欲勿施于人"的原则远早于它在古代被阐发出来之前——根据我们目前的尚不尽如人意的观念来看——就已经获得适用,尽管只是部分的适用。[11]尽管如此,我们从未找到其预先的形成(preformata),而总是要在各个层面上(立法的、司法的、学说的)去追寻恰如其分的(最贴切的,至少是并非不恰当的)解决方案。[12]我以意大利部长会议几天前作出的对《劳动宪章》第18条的修改作为范例:尽管会议的若干成员做了具体的准备工作、认真仔细的研究并且与社会各界代表之间进行的长时间的讨论,但是会议不论是在方式还是地点上,均未做好准备。

——法的技艺性还意味着两项推论,法律科学也对它们视若无睹。如同这个世界上其他有意义的人造物一

样,例如医学,法同样也需要运用适当的技术和专门的知识,渐渐地,它们又被提炼出来并传递给后世。即便是拉贝奥和居雅斯(Cuiacio),打小对于法都是一无所知的,正如希波克拉底和卡米罗·戈尔吉(Camillo Golgi)也不是自小就通晓医学一样。根据前面的论述,技艺性本身就将所谓的非意愿性的、自发的创制排除出去。不光圆环不会自己闭上,在医学上,白血病也不会自己治好,更别说在法律上,合意式买卖与融资租赁过去没有过、将来也不会是非意愿性的或自发的造物;[13]它们并非严格意义上的自然因素。[14]技艺性构成法的内涵,正如它对于医学和其他的"术"(ars)亦如是,迄今从未在人类历史中消亡;相反,它倒是愈发丰裕了。

——古罗马法已经感知到了法的技艺性及其推论。法学家尤文提奥·杰尔苏(小杰尔苏)在他闻名于世却饱受误解的法的定义中["善良与公正的技艺"(ars boni et equi)],将法(ius)的最近的属[15]明确在了"术"(ars)之中,然后将"法之术"(ars iuris)相较于其他"术"的种差明确在了"善良与公正"(bonum et aequum)的二项式里面。这个二项式简明扼要而准确地点出了"法之术"所追寻的目标,以及指导那些用来开展它的各项活动的标准,还有它产生的各项要素(其中有一般而抽象的规范、个案的判

七、法的技艺性质与作为规范事实的习惯学说

决以及学说的构建)[16]应当呈现的内涵。

——对法的技艺性这一基本情况的理解,普遍使罗马法学家所构建的学说与现实相符。[17]我记得法的习惯式接纳(moribus)基于事理之性质的如下理论化:对具体案件在交易层面上进行法的创制,这样一来,学说也参与了——并且依然在参与中,哪怕自己都没有意识到这一点——法的创制。[18]

——在我们法传统中,将法的技艺性从法律科学中抹去,随之而来的,就是优士丁尼在"法律的更易"的框架下引入"法律的学说"的。这位声名显赫的立法者对于法的技艺性心知肚明,却将法的规范式创制、学说构建及其历史的重构,都限于皇帝之职。因而,在一般人眼里,法、学说以及它们的历史,都不过是认识的对象而已,与太阳、月亮与石头——并没有什么两样。简言之,法尽管是一项技艺性的要素,但是被当作是自然性的要素,除非皇帝动手。于是,除皇帝之外的所有人,所要做的不过是去认识法,教授们则将其传递给后世,法官们、官员们以及公民(臣民)则忠实地适用它。

——随后发生的各项改变大家就都知道了。具言之,学说建构以及法的历史在接下来的若干个世纪中,不再被认为是立法者的任务。在所有这一切之

外,还有几点没有解决,如法官与法学家——二者各不相同——在法的创制中的竞合。[19]尤其是,在学理界和裁判界中,将实在法看作自然性要素的根深蒂固的想法留了下来。[20]我们可以确定的是,法的技艺性尚未在法律科学中被寻回。

博比奥没有使用"技艺性"这个标签,似乎对这个概念持无视、拒斥的态度,因为它必然意味着意愿性(volontarietà)。[21]

在阅读他的大作中"法律习惯"[22]一章的时候,似乎很难不从中得出这样的印象,即作为规范性事实的习惯的形态(configurazione)既是作者着手的起点(一步步地释明它),更是他所完成的研究成果。在这个意义上,博比奥的论断意义重大:"在诸规范性事实之中,习惯属于其中所谓本意上的事实(fatti)的范畴,而非行为(atti)的范畴。因此,人们可以用下面的普遍定义展开一项描述性的分析:法律习惯是一项由一般规范[23]构成的事实[24]……"

话题的意义很清楚。博比奥打算去描述(提出"一个描述性的分析")已经在现实中存在的一个情况,它体现为习惯属于"所谓本意上的事实的范畴,而非行为的范畴"。在这段话里面没有感到需要去论证。

这些特征(在我看来,它们不仅自相矛盾,而且扭曲了现

七、法的技艺性质与作为规范事实的习惯学说

实)也出现在了后面的论述中,我摘取其中在我看来最显眼的三段。[25]

——"习惯式规范……的背后是来自传统的权威。如同传统的形成是一个无意(involuntario)的过程,习惯法被划分在与行为(atti)敌体的事实(atti)之中,在这里小心谨慎地想要重弹的老调是,区分事实与行为,不意味着将法的人文的起源撕裂,使其沉沦于客观化的自然主义之中(人的活动同样也是习惯的根基),只不过具有分类的意义而已,并非试图区分那些不可分的东西,即法之本质,而不过是想在法的领域里面寻得两个围栏罢了,从而便于在其范围之内收集宽广富饶的材料。"[26]

"……关于习惯的进程源自多个单独行为的承接,传统的权威——正是它创立了习惯法——既非来自多个行为,亦非来自就个体而言都是所欲(voluto)的多个行为的集合造成,而是来自这个单纯自然的事实造成——既非所欲,亦非有意——即此等行为乃是在一个长期的、无法记忆的时间段中,基于一个内在于此等行为本身的逻辑而反复为之的行为。"[27]

"习惯式规范的形成不仰赖个体的意志,尽管后者也对其成立有所作用:并不存在一个颁布习惯式规范的意

志,只有一个无意识的传统,它最终因为意志而享有权威。意志于法律当中是在先的(prius),于习惯中则是在后的(posterius)。结论:习惯并非一项行为或是若干行为的集合,而是一项在时间中展开的自然事实。"[28]

博比奥在第一段中,尝试着去调和那些不可调和的东西:一边是公认的法为人所制,另一边是将习惯论理成与行为敌体的事实,也就是自然事实。[29]在这个世界上,喂食和生殖是自然事实[30],在其各自的不同阶段,即便在这里面也确实发生了(一步步地成长)人为的干预。与之相反,举例言之,对法和医的教授与学习,以及为此而进行的各种活动,则是人工的/非自然的:在法之中,是以公认的方式,创制出一般而抽象的规范、个案判决以及学理的建构。或许是为了避开这些障碍,博比奥认为行为与事实的区分仅均具有"分类意义上的价值",然后在接下来的论述中[31]贬低这一区分。于是乎,这一区分并不改变其所划分之事物的本质,正如定义并不改变被界定的事物。它们只在表达的层面上起作用。在现实中,行为的本质与面貌不会随着它被归在"事实"的属之下并且被定义为意愿性的事实(fatto volontario)而改变。[32]

博比奥在后两段里面阐述了其习惯(形成)理论的基本特征。他认为,尽管意愿性的个人的行为"对其成立有所作

七、法的技艺性质与作为规范事实的习惯学说

用",其形成却并非如此。[33]关于这一点,这位学者的表述并不明确。在确认了个人的意愿性行为对于习惯的形成有所作用之后,他接着说:"法规范自发形成的现象"在习惯法中显现出来;习惯"是一项在时间中展开的自然事实";是"传统的权威""设立的习惯法"。[34]

我不想去细说这三段话的前后不一与矛盾之处了,它们是显而易见的。[35]我宁愿指出这一点:作者自己也没有在其论述中消灭掉单个的意愿性的行为在习惯法的形成中扮演的角色,反倒是承认了它们的作用。[36]

同桑迪·罗马诺(Santi Romano)一样,博比奥也将习惯的形成归之于传统的权威。在我看来,这里的问题在于严重的扭曲。[37]传统并非法的渊源之一;在所有的领域中(法、语言、音乐、烹饪、着衣风格等),传统本身并不形成新的事物,而是转交(传递)已经存在的各种元素:[38]认知(cognizioni)、技术等;总之,就是所有那些在各种各样的人类活动中已经获取的、需要认识并且人们知道去做(sapere fare)的东西。[39]每个世代都(尽其所能地)将自己的知识与经验传递给下一代;每个世代都尝试作出自己的贡献与革新,不可避免地将自己的所学(同时自己也受到它的制约)向前推动。在法学领域,我们的传统的起点可追溯至遥远的罗马法,其路线又被优士丁尼的"法律的更易"所改变,[40]对法的观念、法的创制、解释与适用

习惯与新型合同:兼论法的技艺性的回归

(另外,对立法者、法官与学者以及一般公职人员的职能)发生了作用。[41]后续发展的出路就在大家眼皮子底下。同样是在这个领域中,比如,在印度法中,它的传统有另一个起源、另一个发展以及一个不同的出路。

我接下来说几点博比奥对现实的歪曲,他非但没有以现实中的情况为基础建立自己的论证,反倒是以抽象且与现实不符的观念为依据。

与他的主张相反,在法的习惯式形成中,并不存在一个不同于利害关系人所作成的各种行为(atti)的一项事实(fatto)。严格说来,将它们的作成描绘为"重复"也是不准确的。即便是同一个主体缔结,例如,多个融资租赁合同之时,创造出的是多个不同的行为,每个行为都以各自的内容对应某个具体的需求。

此说并非真:就习惯的形成而言,需要"一个长期的、无法记忆的时间段。"问题在于,这是一个抽象的阐述,在现实中没有映照。在私法领域,我并不知道任何一个习惯,其形成花去了如此长的一段时间,以至于要在若干世代之间承袭。当在一个特定环境中,惯常地对一个特定的、对于法有意义的目的准备好了同样类型的行为的作成,习惯就形成了。所需要的时间,根据若干个案,可长可短,但是,举不出来一个无法记忆的时间段的例子。近年来,若干新型合同(其中就有融资租

七、法的技艺性质与作为规范事实的习惯学说

赁)在几年内就形成了习惯。形成习惯的无法记忆的时间段这个要件只存在于学者的脑海中。[42]

同样非真的是,在法的习惯式形成中,单个的诸行为是"基于一个内在于此等行为本身的逻辑而被重复。"如前所述,它们中的每一个都是基于一个具体的需求而被创造出的,将它们归拢在一起的因素,乃是其所负担的功能。博比奥并没有说明他在这里指出的逻辑到底是什么。如果说(正如实际上很可能的那般)这位学者所指的并非任何已在其论述中提及的因素,那么它就是"附加"(sovrapposizioni)中的一个,他试图将之作为自身论点的根据,却未获成功。

将"无意识"的属性归于传统名下,这是一条歪路。的确,许多文化因素源自人们生活的环境,例如孩童从父母和身边的人那里无意识地学会讲话。[43]然而,必要的教授—学习也可以归入传统,比方说,为了读和写,或者为了取得法学以及医学的认知与技能。一句话,传统是(也不能不是)符合人世实情(condizione umana)的,每一项文化因素都在里面从零开始得到领会。[44]

现在可以下结论了。就习惯的形成而言,在现实中,只存在由利害关系人作成的各项行为,它们产生两层效果:每项行为自身的效果,以及习惯的形成,如果其作成在社会成员之间普及开来的话。根据共同的经验,每位不怀偏见的遵守者都可

习惯与新型合同:兼论法的技艺性的回归

从这幅情景中得出以下结论:两个层面上的效果都是这些行为产生的。之所以没有得出这个结论,原因就是那个优士丁尼式的、扭曲的人民权力观。

我试着简要介绍一下它。

自从民主原则获得接受以来,人们便认为,在政治性团体中,主权属于那些组成它们的人,被总括地表述为"人民",人民(它的被认可的一部分)直接地行使或者通过自己的代表们间接地行使此等主权。在古罗马的元首制时期,人民通过专门的法律将权力[45]授予每一位继任的皇帝,但是人民并未与它分离,因而能够(正如实际上在某种程度上出现的那样)继续行使它。前面提到的尤里安的 D. 1.3.32.1 正来自这一时期。这位法学家断言:这些法律仅仅基于这一事实即可约束我们,它们是人民的主权的体现。[46]他接着说:由此可知,那些不是通过投票而是人民藉由决断行为而批准的事情,同样具有约束力,[47]它们也是(正如投票那样)由诸位个体的公民所创造。

"通过事实本身和行为"式的法的形成可追溯至罗马法之初,在那儿,这种方式早于法的法律式(legibus)创制而出现。法的这种形成模式实际上被传递给了后世的罗马法体系,直至今日,近期大量的新型合同通过这种方式得以形成即为明证。[48]但是优士丁尼插手进来,捏造出《授权法》,人民的一切权力向着皇帝之职的历史传递进程通过他被理论化了。[49]在

七、法的技艺性质与作为规范事实的习惯学说

优士丁尼的体系中,前述权力的过渡同时还构成"法律的学说"的基础,以及一个毋庸置疑的历史真相,并且被提升为一个教条:任何敢于对其发起质疑的、试图去重新建构真实的历史真相的人,将受到伪造罪的最严厉的惩罚。[50]对于人民来说,后果显而易见:在立法性宣告的层面上,他们被从法的创制(不论是通过习惯还是法律)之中排除出去。[51]

在后续的发展中,法学家们又使得法的历史研究和理论建构重新适应了被优士丁尼去掉的那些东西。然而,直至今日,就人民的权力及其习惯而言,优士丁尼歪门邪道观点中的若干因素依然留了下来。

《意大利宪法》一方面没有规定习惯,另一方面规定了由人民在宪法"所确立的形式及限度内"行使归属于它的主权。[52]根据《意大利宪法》,显而易见的是,人民不仅不能创制习惯——不论是"超越法律"(extra legem)还是"在法律之外在"(除非法律已有规定)——而且还绝对地排除了任何人通过任何方式(换言之,其自身的接纳与存在)来形成习惯,根据这些原则,宪法规范由于自身的高位阶,并且制定时间的在后,优先于——尤其是就习惯而言——诸部法典的规定。[53]即便如此,我们可以确定的是,在意大利法中,在大量的新型合同之外,法的习惯式形成在《意大利宪法》颁布之后依旧持续存在。

习惯与新型合同:兼论法的技艺性的回归

在这方面,优士丁尼歪门邪道观点中的那些因素涉及人民的权力及其主权。他通过伪造《授权法》,发明历史,在立法的层面上规定了人民的一切权力向皇帝大位的转移。[54]他的原意是将此等转移要在各个方向中持续下去(in omne aevum):人民应该一直保持与皇帝/立法者的权力相分离。显而易见,正如在一切人类事物中发生过的那样,优士丁尼的蓝图并没有持之永恒。即便如此,这一观念的若干显著特征却被传递下去。

我仅详细说一下其中最关键的一个。与许多宪法一样,《意大利宪法》宣布(承认)主权属于人民。然而,在界定此等权力及其行使的时候,被代理人以及代理人的逻辑似乎被颠倒了。根据逻辑本身,应当界定的是代理人的权力,它们是被授予给他们的;而非像这部宪法表述的那样,界定的是被代理人(也就是人民)的权力,正如庄严宣示的那样,包容一切权力的主权属于他们。

时光荏苒,权力永恒归属于皇帝之职的优士丁尼式理念已然不再,然而源自它的理念却留存下来,亦即至高权力(法的创制为其最高的表达)的实际拥有者是由人民选举出来的议会。与此相应,人民被认为已经从法的创制中被排除出去了,以及(暂且不论归属[55]于它的其他方面的展现)其主权已在对自己的代理人的周期性选举中失尽。[56]

七、法的技艺性质与作为规范事实的习惯学说

相较于两院(被选举出来的代理人们),公民们(被代理人们)的受到承认的地位(除了竞选活动与全民公决(referendum)之外[57])规定在《意大利宪法》第50条:"为了要求采取某些立法措施或表明某些共同需要,任一公民均可向两院呈递请愿书。"这一条位于"政治关系"章之下,其内容显然透露出,制宪者在制定的时候,并非从人民作为私人利益的承载者这一考虑出发,而是从他们——作为主权性人民的成员——的政治诉求出发。尽管如此,公民们在前述规定中似乎被当作臣民对待:正如臣民能够向君主(皇帝、国王、元首等)请愿,公民也可以向两院请愿。[58]

撑起这条规定的思维广为流传,绝少受质疑[59]。在过去和现在都具有多方面意义,其中就有对全民公投结果的否认。格外引人注目的是,议会通过这一枉顾人民与法之意志的决定,事实上放飞自我。[60]意大利公民在1993年4月举行的全民公投中以90%多数的投票予以批准的废除国家对党派提供资助的规定。我会试着去简述诸项本质要素,将那些迄今依旧没说清楚的东西说清楚。[61]

——人民意志较于议会的优越性在全民公决中获得认可:公民们——即人民的组成者——针对提交给自己的问题,给出了明确的答案,废除了议会制定的法律中的

规范。

——由于实施此等废除的权威高于那个制定被废除的规范的权威,其效果不止于此:只要决定这一切的情势一直持续(各项本质要素没有变化),那么较低的权威便不得再重新发布已被废除规范或者具有同等效果的规范。[62]

——人民在1993年4月举行的全民公投中已经废除了1974年5月2日第195号法律的第3条和第9条(《国家对于政党的财政补助》)及其后续修订。根据1960年5月25日第352号法律第36条,共和国总统已经通过1993年6月5日第173号法令(公布于1993年6月5日第130号《公报》)废除了前述条款,此令自其公布于《公报》的次日起发生效力。

——同样是在1993年,议会通过12月10日第515号法律复辟了国家对政党的资助。议会似乎根本没操心如何掩饰自己复辟已经被全民公决所废除的1974年法律的相关规定。在接下来的宣传中,提出用"费用报销"替换"补助"。然而在这两部法律中,一方面,并未规定所称的"费用报销"的操作,事实上,从来没有连贯地实施起来过;另一方面,同时出现了"费用报销"和"补助"的表述。[63]如前所述,1974年法律的名为《国家对于政党的财

七、法的技艺性质与作为规范事实的习惯学说

政补助》[64],而 1993 年法律的第 9 条被命名为"选举活动之补助"。后者的第 1 款恢复了——在各政党间进行分配的标准除外——此前由全民公决曾经处理过的国家补助:"1974 年 5 月 2 日第 195 号法律及其后续修订的财政补助,有关共和国参议院以及众议院之候选人所支出的竞选费用,分配给各党派或者各项运动等。"[65]可见,《意大利宪法》第 75 条宣告的议会颁布的法律受制于公民公决,确定无疑地被违背了。

——我就不去细说后续颁布的有关竞选费报销法律的矫揉造作了,[66]它们大大提高了国家对政党的资助,大大充裕了——很大程度上被投入房地产——政党的钱包,却令这个国家许许多多更紧迫的需求往后站。我在此仅限于指出,基于前面提及的理由,这些关于所谓的竞选费报销的新规定同样是违背宪法的。

——目前,在这些党派管理的基金爆发丑闻之后,对于用公共资金对党派进行资助是否适当的问题再次引发讨论。法学家——我从未忘记其作用——应当打破沉默,告诉众人,现在已经不是做出判断的时候了,因为根据国家的法体系,这个问题已经由反对此等资助的全民公决结果给解决了,议会应受到它的约束,早就应当且要马上行动起来去遵从之,消除这一领域中存在的违宪规定,责

习惯与新型合同:兼论法的技艺性的回归

令各党派向国家归还其持有的、源自非法资助的巨额资产。[67]

关于宪法将人民以习惯方式参与法的创制予以排除,还有一点需要说明:

优士丁尼通过伪造《授权法》并未完全实现其将一切的法的创制与解释集中于皇帝大位的规划。我们可以归纳为,立法者,不论是一般法律的还是宪法的,不具有更改由人世间诸项元素所构成的现实的权力。[68]尤其不能,具言之,哪怕是这位伟大的立法者也没能消灭的法的习惯式形成,[69]这与他的基于人事和神事的一体化而将一切权力均归于皇帝的视角不搭配。他也仅限于在表述上(藉由前述伪造)掩饰它的人民意志的源起。正如下文将会论及的那样,意大利的制宪者,也没能做到将公认的人民主权的行使,于他们确立的方式与限度之外予以排斥,尽管迄今为止,法学家都没有意识到这个情况。

七、法的技艺性质与作为规范事实的习惯学说

注 释

[1]似乎很难不在此等多元性中发现由这个根本观点所造成的诸多困难中的一个,一起来的还有为了超越它,后面将看到,它未获成功的努力。

[2]R. Caterina, (a cura di), La dimensione tacita del diritto, Napoli 2009,特别见编者的同名文章(即第一章),p 1 ss.以及 M. Graziadei 文章, La legge, la consuetudine, il diritto tacito, le circostanze, p. 49 ss.将习惯当作沉默的法的观点似乎是对尤里安在 D. 1,3,32, 1 中构建理论产生误解的结果。尤里安将法的创制(无论是 lege 的还是 moribus)放在一起进行理论化,而脱离使用的基础是共同的,即人民的主权(在于组成人民的公民们,他们必须一个个地,哪怕是在投票中,表明自己的意志)。在 lege 式的法的创制中,人民已通过投票表达了自己的意志;在习惯式的接纳中,他们则"通过事实本身和行为"表达了它[就像人民说的,通过决断行为:比如,在一名法专家(prudens iuris)的建议下,创造一种新的交易方式(negozio)]。在脱离使用中,既没有口头或是书面的意志表达,亦没有一个积极的 facere,一个自身可被理解的表达:比如说,随着不再被适用,民众会议遗嘱(calatis comitiis)与战前遗嘱(in procinctu)的遗嘱形式遂脱离使用。尤里安表明过这一差异,关于脱离使用,他说的是 tacitus consensus omnium(Gaio 1,

111,关于 conventio in manum 表达了法律式废弃与"脱离使用"这些术语之间的差异:hoc totum ius partim legibus sublatum est, partim ipsa desuetudine obliteratum est,这里最后的口头形式代表了弃而不用)。早在 Tituli ex corpore Ulpiani 1, 4 中,不作声的同意的视角似乎已经被扩展至习惯式形成,而此等扩展亦得以传递给后世(参见,例如 F. K. von Savigny, Sistema, I, cit., p. 162.)。不确定的是(不可能在此处详谈这个问题),non facere(尤里安用不作声的同意来表达)的观察角度是否也可以归入 facere 的视角,不过看起来肯定要排除相反的情形:tacitus consensus 似乎不宜于用来表达"通过事实本身和行为"式的意志表达,并不比口头(verbis)的表达更低效。

〔3〕La consuetudine, cit.,亦可参见 le voci consuetudini (Teoriea generale) e Fatto normative, entrambe in ED, volume IX, Milano 1961, p. 426 ss.,(第一个) volume XVI, Milano 1967, p. 988 ss.(第二个)

〔4〕根据他的批评,确切地说,是指出循环论证("若没有确信的话,则习惯规范并不成立;而法律义务的确信本身便意味着一项规范已经成立。"):La consuetudine, cit., p. 57.

〔5〕N. Bobbio, op. cit., p. 59.

〔6〕前面看到,我们的传统设想出这个法律义务的确信,是为了矫正明显有问题的"通过使用的同意",它被优士丁尼它替换了"人民的同意"。

七、法的技艺性质与作为规范事实的习惯学说

[7] N. Bobbio, La consuetudine, cit., p. 59s. 如果说对于习惯的形成要求——也是这位学者提出的,见本节后文。"一个长期的、无法记忆的时间段",所缔结的债在这个无法记忆的时间段内仍然仅仅是"事实层面或者自然的"。

[8]参见下文"九、融资租赁合同的诞生与法的习惯式创制"。法律官员与法专家准备好新型合同,无疑,未曾希望它独自产生事实的或自然的债,而是像前面说到的那样,希望它完全有效,以及在必要的时候,是可诉的,就好比买卖曾经在意大利法中(容易把握)经历的那样(我对之倾注了大量精力)。

[9]准确地说,一般性地存在于罗马法传统数个世纪以来的科学化建构中。

[10]法已经是预先存在的,远早于它们被发布出来。法因而体现在各个案件(纠纷)的判决中,没有这样的判决的话,即便有一般和抽象的规范,法亦无法继续存在。我们看到,历史方面的情况也引导我们,在各个案件的判决中去发现法的核心元素(面对它们,一般和抽象的规范都是工具性的)。

[11]另一方面,在人世之中,亦不乏对(人在自己身上寻得以决定并且与其他成员共同生活之尺度)原则的不予适用。我记得暴政在各方面展开的诸多例证,以及(至少是在发生后的)战争、革命和阶级冲突。我在青年时代的工团主义活动中意识到了工业资本家与劳动者之间(还有后者内部的)的意识形态对立。[当时是第一次世界大战之后,CGIL 与 CISL 分裂了,我与一些朋友

习惯与新型合同:兼论法的技艺性的回归

一起,结成一个新的水管工人的工团,对于一切的政治性的关联和影响都(至少本意)置身事外,这与当时大部分的各种联盟都不同,它叫意大利水管工劳动者联盟(FILDA)。我作为新工团的代表在罗马的意大利工业总会(CONFINDUSTRIA)参加了缔结一项全国性的私人企业的水管工人合同,我的所得之大,简直难以估量:所有归属于我所在工团的劳动者都赞成这个新的工团:其中一个属于CGIL的人对我说,他没办法出示证件,但还是请求正常缴纳费用。后来,我大学毕业,且获得了朱塞佩·格罗索的邀请去"证明"我自己将献身学术,遂彻底转换自己的思维方式与对生活的安排,放下了之前的活动,而这个新的工团,就像它的同类一样消失了,被那些更大的工团合并]。如今的我应当承认,年轻时的那些经历(不光是作为一名工团主义者的那些),很长一段时间以来被我抹去、遗忘,然而却对我作为一名不偏不倚的法学者的成长产生了很大的作用。

[12]在思考人的活动时,不能撇开这样的一种可能:它的实施者(肯定是人)诚信地陷入错误,这在任何领域都发生过且将继续发生。

[13]形容词"自发的"在这个问题上呈现出歧义与模糊。理解为"并非被施加的",它可以与技艺性协调;若理解为"并非为人所创制",则不能与其协调。

[14]在自然要素与技艺要素之间进行区分的需求在理论和实践的层面上均未消逝,尽管自然要素的数量总是更多,而人的

七、法的技艺性质与作为规范事实的习惯学说

工作嫁接在上面这就是技艺性。

[15]另一方面,它被认为客观上是恰如其分的。

[16]在它们之中,正如在普通法系与民法法系中以相反的方式发生的那样,在规范与判决之间能更好地表达法现象的那个被选了出来。

[17]更全面的,参见 F. Gallo, Celso cit., p. 67 ss. 众所周知,杰出的法学者与理论家,尽管提出了一种具有普遍效力的定义,却没能够落实他们的意图。参见 op. cit., p. 71 ss. 显然,此等意图在静态层面上似乎是不可实现的,常常被选来,对于产生的诸元素,像它们一样不适于完整地表达法的现象并且在人类社会中被纷繁各异地解读。

[18]参见 F. Gallo, Dottrina, cit., in part. pp. 339 ss. E 364 s. = [Riv. dir. civ., 54 (2008), I, pp. 688 ss. E 710 s.]。法的技艺性及其相关标准似乎却在当代法科学中被抹去了(它在意大利法中,下文将谈到,是被"法律的更易"抹去的)。我举一个例子:技术型政府为了克服危机而最近采取的若干措施(人们对它们趋向于无视无可或缺的法的一面,尽管已涉及法的根本原则与问题),在本注中,只能略略谈及,尽管出于促发矫正与补充的目的,原本应该谈得更多些。Monti 总理谈到了严格、增长与公平的三标准。法学家尤其关注的是公平,它意味着在(广义的)具体个案中实现正义,而它并未被规定在宪法中。Monti 政府像过去一样采取这等行动,分别地去考虑不同的情绪:退休金领取者、不动产所有人、

纳税人、药剂师和政治阶层(坦白地说,在这方面几乎只有意图的宣示而已)等。前面说过,宪法未规定公平,而是规定所有公民的平等为基本原则之一,宪法法院从中宣明了合理性(ragionevolezza)原则。我尽可能地说明须进一步考虑的各种情况以及我所认为待深入的后续思索:

(1) 平等与合理性表达的是(化身于)"善良与公正"的具体语词的抽象视角;

(2) 平等,不是数字的,而是比例的,在宪法中,位于诸基本原则之中,它的定位已经(未经形式化)获得了合理性原则的认可;

(3) 合理性以及平等的原则被认为在与其他想法基本原则的共存中是可以被压缩的;

(4) 实际上,合理性与平等不属于原则,而构成了支撑我们的法系统以及法之整体的至高准则;事实上,在一般观念看来,任何表现得不合理、制造不平等的原则、规范、判决或者构建都是不可接受的;

(5) 人(也会犯错)在自己身上(被投射各种法律关系的相冲突的立场)发现在不同的层级上正确适用合理性与平等的尺度;

(6) 公平的视角,在各个被分别考虑的情形中,不等于公民们的普遍平等的视角;

(7) 最后,似无疑问的是,克制危机的非常措施,就像其他规范一样——可能的话,更甚于——深深地影响公民们的情况与生活,应当与宪法相符(首先就是合理性与平等)。

七、法的技艺性质与作为规范事实的习惯学说

结论呼之欲出。在人与人之间关系的规则中,不论是常规的还是非常规的,需要放弃与单个的立场与绝对联系在一起的公平视角,采纳与宪法相符合的合理性与平等视角替代它,它们实际上被理解为法的至高准则。如果可能的话,以独一无二的措施在意大利(这也是我的梦想)将现今存在的那些特权一一归零,从那些身居国家高位的前主人那里,下落到诸政党、合作社、直接耕种之人、药剂师和公证人等头上,一个新的国家将出现,周期性地进行人为操纵以整顿公共财政秩序(最终开始降低令人惊惧的公债,我认为,它是在过去的几十年中因为过失——哪怕是一步步地、累积至此的)的必要亦将因此而消亡(至少是减少:我没法去算详细的数字)。

[19] 就法官而言,已经反复展示他们克服困难而非屈从于现实情况的趋势,赋予其原本应由法官承担的任务。

[20] 最近以及不那么近的学术观点(有时候或与天文学进行对比以取得支持)认为,法科学的对象乃实证法,依然循着"法律的学说"的路径而无视法的技艺性:其现实的本质乃是作为技艺的因素,伸展在那些创造、构建并适用法的人类活动中。

[21] 我再次重申:所有的一切都是技艺性的(技艺的产物比如,一件夹克、一次数学运算、一个判决、一次对植物园的修整、设置一人去看护豌豆),没有人类活动和行为意志(哪怕它是独断专行地被下令或者施与的)就不存在。

[22] N. Bobbio, La consuetudine, cit., p. 29 ss.

[23] Op. cit., p. 30s. 在这个地方,博比奥此前还指出"当然……法律规范自发形成的现象,恰如习惯法所表现的那样,对于那些将强制视作法律规范之本质要素的人来说,令人尴尬无比。于是,必须将习惯看作社会习俗、伦理等的规则,它被国家意志提升为法"。这段话本应该引导作者去讨论前面提到的习惯法的自发形成。强制性本是法所固有的;没有制裁,就没有法,而不过是道德和宗教。我没有看出来,关于习惯法,为什么就可以从中排除掉为命令性和强制性——它们构成其不可或缺的内涵(正如它们构成制定法的内涵一样)——所认可的意愿性。就法的技艺性的抹除而言,这段话也挑明了一个学界共同具有的不足:不可消灭的公民们——作为人民的各个分子——的创造法的权力,这一点已经被遗忘。

[24] 作者使用了不同的字体。

[25] 因此我建议读者们将思考的范围扩展至这位法哲学大家的整部著作。

[26] N. Nobbio, op. cit., p. 32.他之后马上说到"仅仅是自然意义上的分类"。

[27] Op.e loc. cit.

[28] Op. cit., p. 33.博比奥在前面(p. 30)已经提到了习惯法的"自发形成",这一表述此后获得了许多追随者。

[29] 在第二片段中强调是"纯粹自然的"。

[30] 前者对于当个人的生存是必不可少的,正如后者对于整

七、法的技艺性质与作为规范事实的习惯学说

个种群的存续而言一样必不可少。

[31]"没有划分那可划分的,法的本质本身,在法律经验的领域中标出两道围栏,在它们之间或可便于收集丰富且多样的材料。"

[32]比方说,罗马人将法和医均归入技艺(ars)的属里面,而它们之间除了被认为是构成其基础的技艺性的内涵之外,其实没有什么关联。就是这一点将这二者与其他值得关注的各不相同的人类活动放在一起。

[33]博比奥关于习惯的这个观点与罗马诺在词条中表露出来的分毫不差 Diritto e morale nei Frammenti di un dizionario giuridico, rist. Milano 1983, in part. P. 68(该书编于1947年,而这个词条出现于1944年)。罗马诺在前述词条里面提到自己的观点已经获得了赞同(op. e loc. cit.),它与教科书上面的理论是相关联的(op. cit., p. 68;亦见同作者 L'ordinamento giuridico, rist. 2ª ed., Firenze 1951, p. 102),据此来看,法部分是由人所创、部分是自发创制(ius involuntarium)。博比奥在前指关联之外发展了(尽管有前述冲突)作为规范性事实(而非行为)的习惯观。关于罗马诺的教科书观点,见 F. Gallo, L'uomo e il diritto, in SDHI, 51 (1985), pp. 237 ss. E 240 ss.〔=Opuscula selecta, a cura di F. Bonma e M. Miglietta, Padova 1999, pp. 376 ss. e 380 ss.〕。

[34]他在第三段说到"无意识的传统,以置身于意志之上而结尾"。

［35］那么,显然,下面的情况不会让人感到惊讶:一旦拒绝现实,虚幻便在多种力量的推动下入局来替代现实了。

［36］就此意图更加不那么成功的还有罗马诺, Frammenti, cit., p. 66,他写道习惯"源自"此等行为。

［37］很难用其他同样一致的创造之物来替换现实的诸方面。

［38］我与一位青年同人谈论过这个问题,他提出了"容器"的形象。

［39］这与一个基础性的概念有关,它出现在各个通用词库中。我引用住在米兰的时候身边的两个: Dizionario Garzanti della lingua italiana[2], Milano 1965, voce Tradizione:"将一个民族的某项元素一代代地传递下去"。[我添上了一个家庭、一座市镇、一个合作社等等。]"(法律、习惯、记忆、历史上的消息等等)"; Vocabolario della lingua italiana Treccani, IV, Roma 1984, voce Tradizione, 2; "一代向其后代,在时间中传递记忆、消息、证明……"

［40］可以说,它在下文指明的范围内,确定了一项新的原则。

［41］被拒绝掉的那个视角认为,我们的法律传统可以追溯至罗马法的萌芽期,却没有考虑到优士丁尼的"法律的更易",正是它开启了以"法律的学说"替换掉与其相反的"法之技艺"的新纪元,并使后者被抹去,再也没能被找回来。

［42］有别于发生在取得时效(usucapione)上的事情,就习惯式形成而言,并没有一个时间上的界定。这个问题需要得到认真对待。尽管一下子就出现了有关这等确定的这样的或是那样的

七、法的技艺性质与作为规范事实的习惯学说

不同需求。比如,在完成取得时效所需的期限届至之前,不发生所有权的取得。反过来,在习惯里面,早在其形成之前,一个个单独的行为便发生了作成它们的主体所欲发生的效果。前述一个个单独的行为后续的可能的补全——在习惯的形成之后(比如,一个新的合同浮现出来)——要求在不同的领域中单独予以考量。

[43] 在一名澳大利亚的原住民和一名巴黎市民那里,形成与传统有所不同;在法律领域,它们在英格兰与德国背道而驰。

[44] 理解法需要努力与时间,对于学者而言,持续终身。光是读几本书可是没法理解一门国外法或是古代法的,哪怕这些书本身是多么的优秀。我以罗马法为例,在我的认知范围内,它是古代法中最广为人知的:在较近的几个阶段中,它已经作为历史上的法被欧洲内外若干国家的几代专家研究。即便如此,有关它的知识上依然存在不少缺漏,比方说,优士丁尼的"法律的更易"得以产生的历史事件以及"法之技艺"在古罗马的几种基本的蕴意。

[45] 在理论层面上,或许更准确的说法是,与其相关的行使。

[46] 在相应的民众会议中获得表达。

[47] 最出名的一个例子就是在这位法学家的建议下,使用铜衡式这个新的遗嘱形式来替代彼时有效的民众会议遗嘱(calatis comitiis)与战前遗嘱(in procinctu)。

[48] 见下文"九、融资租赁合同的诞生与法的习惯式创制"。

[49]《Deo auctore 敕令》,§ 7.

[50]《Tanta 敕令》,§ 19.

[51]就后者而言,它被归入 consuetudo 之中,有两条路:要么消灭习惯本身,要么(与现实相违地)将形成归于一个人民意愿的替代因素。将习惯完全根除是不可能的,就其创造而言,也不存在一个替代因素,优士丁尼的编纂者,正如在《法学阶梯》中流传下来的构建(见前文"三、优士丁尼《法学阶梯》对于习惯的理论化")所表明的,其编纂者将此等形成掩藏起来。此后的罗马法传统以丰富多样的方式达成了将他们的说理予以理性化同时却不去找回那些被优士丁尼的"法律的更易"抹杀的习惯诸元素这一不可能的任务

[52]第 1 条第 2 款。

[53]我要特别提到《意大利航海法典》第 1 条第 1 款和第 2 款。我认为,宪法的情况迄今为止依然没有为学者们考虑到。最近的,参见 R. Caterina, La dimensione tacita del diritto, in ID (a cura di), La dimensione, cit., pp. 1 ss., 8 ss.(这位学者有关习惯的观点变化并未引导他去思考习惯具体是如何形成的。)《德国基本法》第 20 条第 2 款开头的宣示("一切权力来自人民")看起来给法的习惯式创制(其发生,在我看来,由公民们即人民的组成者所为)留下了口子。然而这个口子却被接下来的话给关闭了("它"——权力"由人民在选举及公民投票中,或者藉由立法、行政、司法权力的专门机关行使之。"),与之一道的还有《德国基本法》并没有规

七、法的技艺性质与作为规范事实的习惯学说

定习惯这一情况。在宣示的层面上,《西班牙宪法》第1条第2款似乎开了这个口子:"主权归于西班牙人民,国家权力源于他们"。于是,这个问题便要求我去就一个尚未完成的宏大问题进行详细考察,这也是本书的目的。关于意大利宪法,见 F. Gallo, Cos'è la costituzione? Una disputa sulla rifondazione della scienza giuridica, in AIC (Riv. tel. dell'associazione italiana dei costituzionalisti), I (2011), p. 33 ss.〔=BIDR, quarta serie, I (2011), p. 372 ss.〕。

[54]立法者全能的理念也来自优士丁尼,他毫不犹豫地以法律改变其自身的历史,自诩在实施改革,提出一些必将永远有效的命令。

[55]对于一些人而言(见下文),更恰当的说法是"应允的"。

[56]参见 G. Zagrebelsky, La legge e la sua giustizia, Bologna 2008, in part. Pp. 149 s. e 357.与其限制一起,"形式"被规定在宪法中(在第1条第2款的表述中,后者先于前者发挥作用),人民据其行使属于自己的主权。二者的限制一道导致(基于宪法的文本)前述将人民从法的创制中排斥出去的后果,哪怕是习惯式创制,就此,形式是十分明确的。法的习惯式创制的实现是"通过事实本身和行为"(比如,运用一项新的交易模式,它由一位法学家为了满足新出现的需求而提出),然而这种形式的法的创制未为宪法所规定。出现一些迫切的问题:人民(一般意义上的一个主体)被绝对地排除了选择行使主权的形式,那么还能说他们享有主权吗?将人民本身排斥于法的习惯式创制之外,这真的属于当

年人民授予给制宪者的权力吗,尽管如此,它却没有被终止?

[57]相关情况见下文。

[58]我不认为(不过确实未曾就此展开研究)两院会基于公民们的请愿而采取措施立法。提出"共同的必要性"暗含着重新交给议会去评判。

[59]在我看来,尤其是来自法学家的自应当少(当然要有法律推理)。

[60]并且迄今继续得以脱身:见后文。

[61]我认为,基于该主题自身独特的作用,需要进行广泛深入的探讨,与之前的情况不同,我就不去提起自己的一份未完成作品了。因为我意识到,对于自己而言,可以进行工作的将来(而非将来本身)已然相当有限了。

[62]换句话说,全民公决(也可从其被置于"议会"章的"法律的形成"节——也包含其废弃——中看出)产生两种效力,明示效力和默示效力:前者是废弃作为其对象的立法规范,后者是排斥颁布那些欲实现已被废弃规范之同等效果的规范。

[63]例如,1974年第195号法律第2条,1993年第515号法律第9条。

[64]正如第1条规定的那样,将"用于两院的换届所花费的竞选费用总和的名义"归于他们。

[65]规定在本条中的与"所承受的选举费用"的关联,在1993年法律中无视了,正如在1974年法律中一样,它构成该部法

七、法的技艺性质与作为规范事实的习惯学说

律之组成部分。

[66]见1999年6月3日第157号法律("关于选举咨询、全民公决费用以及自愿向政党提供费用之废除的新规范")和2002年7月26日第156号法律("关于选举费用的规定")的标题。

[67]与常常发生在法律身上的情况类似,全民公决结果,就等级而言较其为高,没有预定终期。这里的全民公决结果的证成理由,相对于20世纪90年代时,不仅仅没有消灭或是减少,反而随着大部分公民(基于我们都知道的原因)持续的贫瘠化(政治上的高种姓却得以免受其害)而增加了。各个政党都宣布赞同维持国家财政。可以预见,它不会结束。法学家应当做出自己无可替代的贡献,对议会不遵守全民公决结果给予某种形式的救济(而非取道革命,我听说一些神神叨叨的人对此抱有期待),而后,总而言之,确保将必要的牺牲(否则没法减缓降低公债),依据宪法的合理性与平等原则在所有公民中予以分配,尤其不能基于政治高种姓成员以及其他人的区分。此外,还配套(理念可以先行明确)有体制系统的迅速有效,降至最为必要的政治性人员之数目。

[68]立法者并非全能的,不是法之主人,他自己同样受制于合理性与平等的原则,后者在人的意识中,指引着法的形成与适用。

[69]如前所述,它从未在政治性群体中消亡(而且在其他人的群体中同样存在,比如,在家庭中,尽管它自身没有法的价值)。

八、法规范与习惯规范的差异以及典型合同之确定

接下来要做的,就是根据我提出的这幅蓝图,揭示出新型合同在《意大利宪法》颁布之后是如何形成的。

还有两个问题要先处理一下:第一个问题,用博比奥的话来说,事关"法规范与习惯规范之间的区分"[1];第二个则是确认出几个典型合同。

(1)博比奥已经在其关于习惯的著作中用了长长的两章讨论了第一个问题。[2]我马上就会说道,这位学者的论述在这方面同样也——正如在我看来,余下的学说亦然——由于未虑及法的技艺性而蒙尘,优士丁尼将此等技艺性抹去,此后再未为法科学所重新寻回。

法哲学家博比奥强调这个问题"将我们带到了一切法的最初时刻的主题,即法的本质。"[3]他止步于前面提及的本质的门槛前,将它似乎当作一个谜一般的、难以为人所了解的东西。其实,法的本质就在所有人的眼皮子底下。法作为文化要素为每一位对它感兴趣的人完全了解——举个例子,就好比几何学,乃是彻头彻尾的人造物:它是一个技艺的(artificiale)元

素，它的实质（或本质）因而也就必定在于其技艺性。

于是，博比奥接着从自然法的视角出发，提出了"合法性的标准"（giuridicità）。他写道："人的确信作为一个等待回答的问题被提了出来，普遍有效的规则的存在是无可否认的。换句话说，自然法的有效性无可否认，它是前述确信的真正的形式逻辑。"[4]对博比奥观点的反驳已经部分地被揭示出来。在人之前，世上便存在着植物和动物；时至今日，也存在着蒲公英[5]、野生樱桃[6]、狐狸与雉鸟，与人的作为完全无关；而非反过来，比方说，厨房用具、引水道[7]、房屋[8]、广场和街道、飞机与机场、法、医学和数学（由其构思、设计、思索、型塑而后渐渐完善）先于人而存在，而是说，它们是人的作品。就法而言，也不例外，博比奥所谓的"规范"也就是"不可消灭、不可替换，正如那些规定约定当守、服从权威、损害赔偿、向他人为返还，以及惩罚不遵守者，此等规范内生于任何一项秩序当中，因为没有它们的话，一个有组织的社会是不可想象的。"[9]

可以说的还有很多，前面只提到了其中的一小部分，它们整齐划一地导出了以下结论：将"自然"的属性归诸法是一种客观意义上的伪造，这就仿佛是在说，几何学与清真寺是自然的一样。尽管如此，仍有两个问题摆在台上留待解决：去指出那些在古今不同的法秩序中存在过的或者现今依然存在着的巧合、相似与分歧，正如不同的发展在法的不同领域中发生过

八、法规范与习惯规范的差异以及典型合同之确定

或是正在发生中,它们与技艺性均不构成矛盾,反而是其多样的展开,全须全尾地在法之中依赖于人的作品以及人世实情;去搞清楚,为什么在我们的法传统中,先是哲学家而后是法律人"发明了"(从他们的视角来看,在发现它之后)自然法,却没有意识到所为之事的固有的作伪。

依据一个古老的、今日已不再时髦的定义,不过在我看来它依然有效,人是一种"理性的动物"或者说是"通情达理的"。[10]自一个无法记忆的长期以来(人们认为在历史记载以前),人聚群而居,一步步地试着去优化这样的群体,提升在此之中的生活水平。与许多学者一样,博比奥正将自然法的各种表现确认为由他指出的"不可消灭、不可替换的规范",[11]没有在人世中区分内生于共通的人类情形的自然元素(正如所说的它的本质)与技艺元素,即由人所创造的。聚群而居的倾向符合人世实情,并且普遍出现在全人类中,然而,他们所创立的群体在不同的时间与空间之中形态各异,甚至迥异。对于全人类而言,将他们生活于其中的各种群体组织起来的需求是十分普遍的,但是,相较于前面提到的,由他们建立的各种组织却呈现出类似的差异。对于全体人类而言,同样普遍的还有他们活在其中的各种群体中确立秩序的需求,正如在必要之时选取——抽象地说——特定手段,数千年以来的时光将其置于具有强制力的行为规范的位置之上;[12]于是乎,这些需求与选

择,也被传递给了那些相较于前面指出方案表现出若干类似差异的方案。

不必再举例子了,[13]而是强调,前述对法所做的划分,在其他的技艺(artes)中也可以看到,比如厨艺、医学与语言。对于人类而言,获取营养、照料并与同类沟通是普遍的需求,可是,世界上过去曾有现在也依然存在不同的厨艺、[14]不同的医学与不同的语言,不论在口头的表述而是书面的呈现中,均是如此。

指明的这些情况与现实是吻合的:同属于人的那些存在便一般性地具有若干身体与智力的共同特征,它们将人与其他动物区分开。[15]可是,与此同时,每一个个人与其他的人(露琪亚、马可、切萨雷、丕娅等)都不一样。[16]这种两面性的并存可以解释存在于不同时间与地点的法(正如在其他技艺中一样)之中的巧合、相似与分歧。

可以作出结论了。法是一项技艺性的要素。正如前面多次强调过的那样,它是由人从无到有制造出来的,而且,其创制仍在进行当中。[17]在各种存在着的关系、情势与行为之中,选择应当——或者说适宜于——交由法规范来处理的那些;并不存在一条先在的客观标准,用来区分什么属于法,什么不属于法。人要对已经创制出来的法负责,前述选择即可归入其中,正如那要适用的制裁:民事的、行政的、刑事的,后者在法律上

八、法规范与习惯规范的差异以及典型合同之确定

最为严重。最近,一些此前由刑法惩处的行为也已经被去罪化了,而对于其他的一些,则发生了相反的事情。

充分认识到法的技艺性的罗马法学家将其定义为技艺,并且将标准厘定在了"善良与公正"中,这些标准同样是技艺性的(由人所构建出来),它们指导着法的创制与适用,起点正是从各种关系、情势与行为之中选择出其中应当由法规范来处理的那些。优士丁尼的"法律的更易"将上述标准从后世的法学中抹去,它原本与法的技艺性配套,这些标准本为其必然的后果。[18]

优士丁尼的一通操作有利于自然法获得接受并进一步获得建构,以及在自然法之中追寻合法性的标准。即便如此,对自然法的渴望有着更为古老而深邃的根源。它是由希腊哲学家[19]构造出来的,在罗马法中,远在优士丁尼之前的若干世纪便有许多人耕耘其上。[20]

我仅就对这个极为广泛复杂的主题所作的初步观察指出以下几点,[21]在其他关注此主题的学人的信任下,提出一些深化、补充,并在必要的时候提出几点纠错。前面说到,人在群体中生活,就像希腊人说的那样,法律为其所需。[22]古代的智者(哲学家)已经认识到在自然中存在着正当的法律(可以是成文的,也可以是在自然中被感知到的),人应当将实证的法律朝着它们调适、看齐。我看到这种思想的萌芽在自然法学家中

流传下去。[23]那么,应当注意的是,这个对自然法的观察的版本乃是人的造物,亦如那个将对案件的判决置于法之中心的版本也是一样的,它依据的是"法之技艺";与之相对的,依据的是"法律的学说",将一般的、抽象的规范置于此等位置,在古罗马法中,建构一系列"善良与公正"的标准用来创制法、适用法,用来感知人在自己身上找到的尺度,服务于他们更好的实践需求。

在较晚近的时候,法哲学家与法学家们已经在其研究中寻找与自然法学类似的科学性。无疑,自然法思潮(giusnaturalismo)倾向于在自然中寻获法,就好像在自然中寻获水、石头与金属一般,接着,还要在这个法里面抓住永恒不变的特质(概括于正义中),这些特质存在于,或者说,被认为存在于前述元素之中。[24]这位法学者则主张应当考虑到它的技艺的本性及其导致的后果,与以其达到的目的相关,我试着就它们谈一些看法:法应当持续性地去适配作为其基础的经济、社会与文化情势所导致的变化;一般的、抽象的规范的设置,需要进行相当艰巨的判断与选择;[25]对此等规范的适用不是一项机械的工作,而是优士丁尼针对永不满足的人类需求所作的规定。

(2)非典型合同在现行《意大利民法典》中被规定在关于合同自治的第1322条第2项中。[26]这条规范的是新型合同在民法典合同法体系中的发生。在这方面(一如既往,在我们悠

八、法规范与习惯规范的差异以及典型合同之确定

久的传统中通过多种形式来表现的目前依然发生着效力的典型合同总体占据优势)的起点就是缔结一个非典型的合同。[27]这些元素。如果确实全都存在的话,导向了典型合同的缔结(包括那些在关键时刻,对于现行有效的典型合同的缔结过程的共同元素),可归纳如下:所缔结的非典型合同满足了一项广泛的社会需求;为了满足此等需求,使用这种新型合同在利害关系人当中流传,并且逐渐推广开来;与此同时,使之有别于他物的各种内涵(主要是给付以及对待给付)在实质层面上确立起来了。

到了这一步,典型合同的形成便完成了。这个结论似乎与立法对典型合同的表述是相称的,[28]孤立地看的话,作为(合同)"类型""有特殊的规定"。尽管如此,在这部法典的体系中,它既没有在法律之外(praeter legem)规定习惯,也没有违背法律地(contra legem)规定习惯,(合同的)"诸类型""有特殊的规定"是且只是那些规定在了民法典——也就是法律——中的。这部法典在规范表达的层面上,并没有明确地规定——违反法律地——形成新的合同。[29]

这个领域对于优士丁尼"法律的学说"的仰赖大概是没有疑问的。基于"法律的学说"的合同的典型性(它在优士丁尼法中发挥作用)得到了学术界的详细阐释。[30]德·诺瓦(Giorgio De Nova)如此写道:"为何一项合同得以命名,或者说在立

习惯与新型合同:兼论法的技艺性的回归

法层面上是典型的,立法者提及它或是将其在某方面予以规制,这是不够的:必须是立法者对于它,表明了一套有机的规则。"[31]然而,现实屹立于法典、学理以及裁判层面上的意识形态视角之上,即便是法律科学亦应调适自己以迎合现实:在意大利法中,若干无法归入既存的典型系统的新型合同在立法者没有介入的情况下已经形成了。此外,没有谁会真地认为,立法者原本是有能力在民法典或者某一部法律中,早于融资租赁、保理等合同的形成而规定它们的。

总之,民法典未予规定,这并未阻碍这些新型合同的形成,它们的有效性已获得认可,社会大众(也就是其他合同一样的实际与潜在的使用者)认可,学术界、法官在处理的个案中亦认可,甚至是立法者也认可了其中的一些。于是,我们需要试着去解释,它们的形成应归于谁人,又是如何发生的。有必要就此进行调查研究,之所以没有研究,也应归因于"法律的学说"准则(其实就是一些偏见)的冥顽不化。

前面已经说过,优士丁尼的编委会——它的任务是重新整理《法学阶梯》——将习惯贬低至使用的地步,易言之,去适用已经存在的习惯,但将其生成彻底抹去。将习惯看作非意愿性的法以及自发形成的法的近现代诸理论趋于根据"法律的学说"来补上这个漏洞。相关研究的一个共同之处就是没有考虑新型合同的形成。我仅限于引述德·诺瓦的话,他理所当然

八、法规范与习惯规范的差异以及典型合同之确定

地被视为融资租赁合同在意大利最主要的耕耘者。这位学者在前述专著[32]中指出了融资租赁的渊源如下,却和别人一样忽略了其形成:法律、usi、司法裁判、伦理规范以及合同实践。他指出 usi 是工商局(尤其是米兰工商局[33])在收集汇编材料以及法律官员在预拟法律模板中的实践中发现的。[34]显然,这里循着优士丁尼的教导,usi 被假设是即已存在的。至于在实践中被运用的合同模板,就其本身而言,不能产生法律上的效力。[35]这些模板可以是(也可以是理论性的)法知识的表达,参与了它们所涉的合同的形成过程,然而,就法的创制而言,除非它们被利害关系人转化为合同,不然只是具文罢了。

虽然萨科在新型合同的形成这个问题上有别于其他学者,他言简意赅地说它们是"藉由私人之间的磋商以及裁判界的筛选,在民法典之外被构建的"。[36]但是他却没有说清楚私人之间的磋商在法的习惯式形成中的角色,以及司法裁判是以怎样的方式在这里发挥作用的[37]。尤其是,他还忽略了法的技艺性,以有违于事实的方式,将习惯看作是一种自发的形成。[38]

自发形成说(我不知道它在何种程度上可以与"私人之间的磋商以及裁判界的筛选"相协调)没有填上法科学所指出的漏洞,填补工作依然有待完成。

注 释

[1] N. Bobbio, La consuetudine, cit., p. 72.(斜体为作者所加)。法律规范不仅仅要与习惯(costume)相区分,而且还得与其他同属于人之共存的行为规则(其中最主要的是道德的和宗教的)区分开来,指出这一点显得有些浅显。然而在我看来,需要就宗教展开相应的详细分析,因为在谈到它的时候,或者说,反复去说的时候,它相对于自然要素和人工要素这一划分之外的某种"第三个属"。

[2] *Op. cit.*, Cap. VII, Norme giuridiche e norme del costume, p. 71 ss., e Cap. VIII, Il criterio della giuridicità, p. 81 ss.

[3] *Op. cit.*, p. 72.

[4] *Op. cit.*, p. 90. 他在接下来的一页中如此归纳自己有关习惯的想法的:法律习惯"……具体的有效性"它"对其而言""有别于costume,是建立在所规制之联系的本质之上的即它是社会整体之基础联系"。

[5]用其嫩叶可做成美味的沙拉,其根部苦涩利尿。

[6]例如,野樱桃在皮埃蒙特的 Ceresole d'Alba 地区的自发生长:鸟儿在饱食了它们的果实之后,将其种子带到远方,落在灌木丛、悬崖和斜坡上,在这些地方,发芽之后的植株不会如同在农业活动中那样被拔除,至少其中的一部分最终可以结果。

八、法规范与习惯规范的差异以及典型合同之确定

〔7〕被井给替代了,当我年轻时,它们仍然在皮埃蒙特地区获得大规模的应用。

〔8〕最开始是洞穴等自然的掩蔽所,如棚屋、草屋、帐篷等。

〔9〕N. Bobbio, La consuetudine, cit., p. 89,他之前已经针对"一切时代的法律怀疑论"断然指出在多个法秩序之中"同样是基本性规范的……令人困惑的差异?""尤其是关于"它们的"落实的方式而非"它们的"*内容*"(斜体是后加的)。特别是规范的内容,这位法哲学家似乎已经考虑到了它们所满足的广义上的各式需求。我仅限于若干项已经提及的。很长时间以来,法并未藉由一般而抽象规范的宣示即已存在,在法之中,从来不乏对(各种引起争论的)各种争议的判决。通过争议的判决,法被展现出来。因此,很显然,就像已经指出来的那样,在它(法)的中心位置的,并非一般且抽象的规范,而是个案的解决方案,较后者而言,前者不过是工具。没有此等解决方案便没有法,而它没有一般且抽象的规范的颁布也已经存在过,且将继续存在下去,只要它确实有助于达成平等。一般且抽象的规范,在通过法律确立之前,便已经以习惯的方式如此了。它们的释明,不通过法律也行(于是留下了规范性空缺),过去已然如此,以后也可以,但是缺了习惯可不行。对"法律的学说"所考虑的诸元素的翻转及其传承,根子在于意识形态而非现实之中。比如说,在损害赔偿的历史发展中,相关规范的内容变了。在我们的传统中,从前人的观点到损害赔偿视角的跳跃,众所周知,是由公元前3世纪的《阿奎

流斯法》完成的。在古时候依然被组织起来了的人类聚居群体中,就人身伤害而言,所谓的同等报复法已经生效,它在《十二表法》中依然适用于"断肢"(membrum ruptum)(8,2:见该问题相关原始文献,Gell., Noct. Att. 20, 1, 14; Gai 3, 223; Paul. Sent. 5, 4, 6)。博比奥在20世纪40年代无法预见到后来发生的规范的变质(在我看来,由败坏的专家促成),在他看来规范也是不可消灭、无法替代的,规定了"对权威的服从"。它在当代变质的程度已经由意大利议会对公民全民公决结果的"不服从"而昭然于世(见前文"七、法的技艺性与作为规范事实的习惯学说")。最后,我留下了那些障碍:一致、相似与分歧,它们现实地存在于过去与现在的许许多多的法秩序中,在人事当中获得充分的证成。见后文。

[10]人类学家说的是homo sapiens sapiens,今日出现在世间的人种,被认为是"一个十万年前左右曾经生活在非洲的群体的延续":如R. Sacco, Antropologia giuridica. Contributo ad una macrostoria del diritto, Bologna, 2007, p. 16。

[11]他所用的术语似乎难称恰当。问题本身并非有关"规范",在一个法秩序中寻找一个广义上不可替代的规范,尤其困难。

[12]如前所述,法的起源(它的第一次展开)在于争议的解决。后来,为了在可能的范围内避免争议,具备强制力的行为规范被提了出来。在我国传统中,法——正如其作为技艺而区别于其他一切活动以及人类产物的定义所揭示的那样——已经被罗

八、法规范与习惯规范的差异以及典型合同之确定

马法学家从宗教与道德中分离出来。在其他国家的传统中,此等分类尚未完成。

〔13〕R. Sacco, Antropologia, cit.,的第一部分就被用来论述"法的变动"(Varianza del diritto),其下的第二章、第三章、第四章的标题分别是"诸法之复数性的含义""多种文化的并存""法的多元论"。

〔14〕在一本购于土耳其而如今已不在我手因此无法援引的书中,中餐、法餐与土耳其餐被作为美食而列出。

〔15〕它们阻碍形成这一论点,即存在一些人欠缺其中的某些内涵。

〔16〕在人生的历程之中,哪怕同卵双胞胎也不构成例外。

〔17〕它过去是,如今依然是继续性的。

〔18〕就习惯(表述为 ius ex non scripto)而言,将法的技艺性予以移除具体表现为,被任命为优士丁尼《法学阶梯》的那些编者,他们如前所述(前文 § 3),在表述它的时候,用 consensus utentium 替换了 consensus populi,以此将其形成掩藏并且贬低为 usus。此等失真(在我看来,与其相关)依然见于有关这个问题的最近的论述中。我引用权威的 R. Sacco, Antropologia. Cit., p. 140:"习惯在行动中(in azione)所以为参与者(partecipi)所接纳。这是合理的,因为参与者享有原初的权限去给予*同意*……"。行动中的习惯,为成员所接纳,已是既存的。他们的同意针对的是习惯适用,而非被认为是自发地形成。构成法(整个的法)之内涵的

技艺性,就像其他文化元素一样,被无视了。

[19] 在自然法萌芽的研究当中,不乏有人将其上溯至《汉谟拉比法典》。参见 V. Pizzorni, Il diritto naturale dalle origini a S. Tommaso d'Aquina[2], Roma, 1985, p. 30.

[20] 有关罗马法学家,参见 F. Gallo, Ars boni et aequi e ius naturale, in SDHI, 75 (2009), p. 15 ss. (特别是就乌尔比安有必要进行更加细致的分析).

[21] 不在于引发一个压根难成的综括,而在于去抓住那些已经在时间的长河中引导了自然法的各种形态的根本性的激发力。

[22] 众所周知,希腊人未曾拥有专门的标记用以指称法和法律(他们并未感受到此等需求)。

[23] 自古以来,法律并非总是正当的,这一点已被揭示出来。苏格拉底直面这一问题认为,公民应当置身于国家的法律之下,哪怕它们是非正当的,他在这个意义上解决了该问题。苏格拉底的解决方案在我们的传统中有其拥趸与支持者。凯尔森在20世纪将它进行更加全面理论化, La dottrina pura del diritto (trad. M.G. Losano), Torino 1966 [ed tedesca Reine Rechtslehre, Wien, 1960];对其基础的批评见 Gallo, Celso e Kelsen. pp. 92 ss; 122 ss。在诡辩论者 Crizia 看来,为了确保对法律的遵从,在它们规定的惩罚上面还要增添宗教(一位天才的智者为人类创造了对诸神的畏惧,参见 I presocratici, Testimonianze e frammenti, II, Bari, 1969, p. 1026);反之,确实,结果是对于确保人的聚集体的秩序,欠缺惩罚

八、法规范与习惯规范的差异以及典型合同之确定

的宗教和道德在人世间并不足够,于是出现了配备有此等惩罚的法。

[24]比如,早在进行化学分析之前,已经为了家庭利用而在水里面确定了若干特征,并且用"无色的""无气味的""无味道的"这些形容词来表达。教义(dogmatica)也已经确认了那些适用于一切地点与时间的法的永恒要素。

[25]最近技术型政府为了重整陷入财政困境的意大利而采取的"操纵"就是例子,其最主要的原因——此外,还有浪费、特权、滥用、官僚主义的障碍与程序上的缓慢——就是过去几十年中由那些欠思虑的政治人物累积下来的巨额公债,而前面也说过,在我看来,意大利人的普遍迁就使他们自己亦具有过错。我认为,人们——首当其冲的就是法学家——忽略了法在此等措施之中不可或缺的角色。在任何领域处置的措施都有必要转化为法规范:它由是越过法的筛查,法应当(遗憾的是,我们对于当前,只能说或许应当)确保合理性与平等。前面已经说明(前文脚注144)它在法学家的漠视下,并未发生在此等措施身上。

[26]"当事人能够……缔结并不属于已有特定规则的合同,只要它们旨在实现值得法秩序保护的利益"(亦见第1323条)。1964年9月15日第756号法律第13条禁止缔结非典型合同"移转农村土地"。后来的1971年2月11日第11号法律第23条末款将其废弃,遂为1982年5月3日第203号法律第45条第1款替代。(由于自身了解的欠缺,我不知是不是可以说在这个问

157

题上形成了新的合同)。

[27]在意大利法中即表现为这样,尽管在由一个不同的法秩序接纳的情形中,在这里,它是一个典型性的制度。

[28]反复出现在前文脚注221中。

[29]没有典型性的话,也就不会有新型合同,因此可以说是在适用既存的制度。这个观点也——众所周知,在近期的意大利法中也有支持者,此外,对于待采纳的方案没有达成一致——是"法律的学说"的体现,后者倾向于否认新型合同的典型性——因为在法律规则中无此规定,却作为非典型合同*存*在且获得适用——和强行将它们化为既存的典型合同这二者间,进行选择。

[30]确切地说,是优士丁尼传给法律的意识形态。优士丁尼法确立的合同体系建立在区分那些有自己名称的合同以及那些没有自己名称的合同这一分别之上(后来,人们分别称为有名合同与无名合同:这个术语今天依然在用)。这一区分并非由现实的诸般情况决定,而是取决于立法划定的界限。在那些没有自己名称的合同中,比如互易,可是它自古以来就有自己的名称(就历史而言,它还在买卖合同之前出现),并且在优士丁尼法中表现出特殊的面貌(双方的给付都是 rem dare,为了成立合同,其中之一至少得已经完成)。

[31]G. De Nova, *Il contratto di leasing*, cit., p. 9.(斜体来自作者)。在这个方向,理论层面上,亦参见 L. Clarizia, La tipizzazione legislativa del contratto di locazione finanziaria (nota a Trib. Milano, 7

八、法规范与习惯规范的差异以及典型合同之确定

settembre 1992), in Riv. it. Leasing, 9 (1993), p. 259:"一个合同,尽管有这样那样的干预,有时候还挺任性,当它为立法者规制了它的特征与各方面的结构还有主要功能之时,它就是典型的。"他后来在 La locazione finanziaria, Torino, 1996, p. 29 ss.一卷中呼吁关注"援引……在没有法律的类型化的时候"所谓的社会的类型化(关于它,参见该文脚注 14),以及司法裁判的典型化(表达为"引向法律典型化之阶梯的重要的第一阶")和行政的典型化。依据"法律的学说",Clarizia,以及普遍的其他法学者,就新型合同而言,移除了其习惯式形成,而这本是它们在合同领域首要的(如果不是唯一的)形成方式,于是他们试图通过在法律典型性的一旁加上其他的典型性来填补这个特定的空白。法典采纳的法律典型性的观点是限缩性的(riduttiva)。在现实中,有法的典型化,与它一道的还有习惯和法律(前面说过,就合同而言,前者占据绝对优势)。社会的、司法裁判的以及行政的典型化是对来自共同体成员(在其作为公民的意义上)、法官和公职人员(还应当加上学说)对于合同领域中的习惯式形成以及相关的典型化的贡献的异化的表达。关于司法裁判,我援引两个有关融资租赁的精雕细琢的判决(尤其是后者包含在:est. Carbone——一个广泛流传的学术观点):Cass. Sez. I civ., 13 dicembre 1989, nn. 5572 e 5573,载于 Foro it., 1990, I, col. 461 ss.(5573 位于 5572 之前),由 G. De Nova 和 R. Pardolesi 评注,见于许多其他期刊。在这些判决中,在说开了的非典型性一旁,还明确了 leasing finanziaria 的两种不同的合

同形式,每一个都被廓清了各自的"结构特征"。在 n. 5572 号判决中,就所谓的传统形式而言,"排除了与买卖、租赁,与借贷的任何关联"并且强调指出在其中,"在非典型性的关系中也发现……一对稳定的给付",就是这么说的。看起来似乎没有疑问:"法律的学说"施加的影响蒙住了人们的眼睛,以至于看不见揭示在这里的典型性:面对其他的合同制度进行确定(individuazione)以及"一对稳定的给付"。尽管可能显得有些肤浅,需要确认合同的典型性取决于它们的特征,而不在于它们是否被接受了,根据《意大利民法典》第 1322 条第 2 款,立法者的"具体规制"(说到底就仅仅是它们通过法律的表象的引入)。已如前述(前文脚注 83),萨科已经在新型合同中觉察到了"典型合同的典范"。

[32] Il contratto di leasing, cit., p. 8 ss.

[33] 参见 op. cit., p. 556 ss.

[34] 或是由该领域的法学专家,参见 op. cit., p. 517 ss.,一个"不动产融资租赁合同"的模式。

[35] 同样的,还有相当可观的法律的各种设计。De Nova 所思考并为其列于法的渊源序列之中的实践,正如之前说过的,本身并没有任何法效果,更别说本体论意义上的法典了。首先,包含有"建议,其中的一些……是关于合同内容的"。

[36] R. Sacco, in R. Sacco e De Nova, Il contratto II, cit., p. 435 (3^a ed., p. 456).

[37] 筛子的比喻,无疑适合于来表现此等活动,它一方面具

八、法规范与习惯规范的差异以及典型合同之确定

有澄清的作用;另一方面可以防止扭曲。这可不是在必要时于法官的判决中加上的限定可以做到的,哪怕它们确实也存在。

[38]有关萨科提出的作为沉默的法的习惯理论及其门徒的深化,见下一节。

九、融资租赁合同的诞生与法的习惯式创制

为了展现新型合同是如何在近年来的意大利法中发生,以及原因应归于谁,我选取了意义最大的融资租赁[1]作为范式。

首先,应当指出,主体及其相关的行为和/或其展开——正是它们一步一步地在意大利法中——使融资租赁得以确立。其次,还应该搞清楚,该类合同在意大利法中获得认可,应归因于谁或者何种力量(换句话说,它的渊源为何)。

(1)最开始登上舞台的主体是法学专家,[2]除了意大利法,他们至少还要了解美国法和欧洲各国法,融资租赁合同在后两者中已经先于意大利而获得接纳。[3]它们令用户获得优势,确保这类合同无论是用于融资(相较于从银行)还是用于确保必要的可支配流动资产,比如说,维持一家企业(相较于传统的买卖合同与租赁合同)。[4]与此同时,它们还调整其他国家已有的融资租赁程式以适应意大利法,然后提出(或是竞相地)将其加进客户缔结的合同中。

就这样,我们的主角步入舞台。他们为了满足自己的需求,选择了新型合同而非传统合同。20世纪60年代的第一个

五年,融资租赁在意大利获得了广泛的传播。从无到有,人们所缔结的融资租赁合同一步步地获得了如同法律规定的合同那样的有效性和效果。

随后入场的是法学理论、法官和法律。在 60 年代的第二个五年,学者们开始关注融资租赁,先是它的经济——企业的方方面面,然后是各种法律问题。相关的文献资料迅速积累[5]以至于在 1985 年诞生了一本专门的期刊《意大利融资租赁杂志》。[6]

意大利法官对融资租赁采取的第一步,就是前述维杰瓦诺法院 1972 年 12 月 14 日作出的判决。如同合同领域中大多数情况下那样,法官之所以介入,是因为双方当事人之一——后来在案件中败诉——不履行约定义务。[7]无疑,如果没有发生不履行或者出现其他争议,此案中的合同也会像其他已经缔结的融资租赁合同一样,发生自己的效果。

1976 年 5 月 2 日第 183 号法律(《1976-80 五年在南方的特别措施的规定》)在第 17 条第 2 款规定了"金融租赁措施"的意思。[8]根据本条,它的目的是确定可以取得该法第 10 条(标题为"在南部创业的现金账户的资金")资金的那些主体。第 17 条第 1 款授权"根据 1971 年 10 月 6 日第 853 号法律所设立的南方金融公司……设立一家股份公司用来运营工业设施的金融租赁,可以为了使用它们而拨给第 10 条规定的资

九、融资租赁合同的诞生与法的习惯式创制

金,其标准与方式由该条规定之委员会确定"。第 3 款则规定:"就第 1 款规定的公司所完成之工作,南方银行获得授权,于出租公司与承租人缔结的金融租赁合同登记之时,以一次性的方式给付资金给账户,标准等同于资本账户的总额,以及该事项若通过优惠贷款而完成时可得享受之利息。"[9]

以下几点值得特别注意:

——立法者在这部 1976 年的法律里面并没有引入,也从来没有打算引入过一种新的合同。为了前述各种目的而被划出来并冠以"金融租赁"(locazione finanziaria)之名的融资租赁,当时在意大利获得适用已经有几年了。为了南部的发展而发放资金并予以立法正是在这个背景下发生的。

——立法者亦无意将一种新型合同予以典型化。依据彼时理论,前述所谓的融资租赁是租赁的一种,即金融租赁。[10]

——前述立法措施并未改变融资租赁以多种样态展开发展的模式:它说到底是习惯式合同,并且将继续如此。

(2)确定无疑的是,融资租赁合同被引入意大利法,这并不是由法学专家、法律、司法裁判或是学说所完成的。最先使用这类合同的人的词句、用语、文本——就其本身而言——没有法律上的意义。法律、司法裁判和学说——且不论官方的法只认可前者为法的渊源——是在融资租赁合同的适用已经大规模普及且一般化并且其有效性和效力无可争议地获得认可之后才关注它的。[11]

在"法律的学说"看来——其影响力并未消亡——融资租赁的渊源也不能定位于缔结它们的法律主体之上,他们不断地适用它们,使其愈发普及。我们已经知道,此等"法律的学说"是由优士丁尼通过伪造历史奠基的,据其所称,人民已经通过《授权法》将一切权力移转给了皇帝大位,从而永远地与它们分离。接踵而来的是,根据"法律的学说",公民被认为不具有任何权力,于是只能以"私人"的身份活动,[12]就这样被从法的创制中排除。[13]基于这些错误的却被普遍接受的前提,罗马诺构建了自己的习惯理论,[14]近似不自觉地运用了优士丁尼的"法律的学说"。[15]他自己则简明扼要地表述其构建的东西:习惯是"自发形成的规范,并无特定的意志来导向这一结果……诸个它由之而生的事实与行为可以是有意志的,然而这并不意味着它自己就也是有意志的,而是由它们的整体、由它们的一致、由它们的不断重复以及传统的权威而自动地组成……它是法的非意志性的渊源……[16];是一项规范性事实……是非意愿性的法(*ius involuntarium*)……的典型

九、融资租赁合同的诞生与法的习惯式创制

例证。"[17]

这位来自西西里的学者正确地将问题的症结定位在了事实与行为当中。从它们那儿,如他写的那样,习惯自其"源起"。他在描绘现实的时候,使用的是动词"源起",于是就已经承认了在现实里面存在着习惯同事实与行为之间产生的关系。尽管如此,正如时常在法律理论中发生的那样,意识形态(此处就是错误地相信公民们被从法的创制中排除出去)胜过了现实。显而易见,罗马诺已经阐明了由优士丁尼传递给我们的对习惯的理论化的隐含的一面,在后者看来,习惯是供公民们使用[18]的对象,而非由他们形成的,习惯甚至都不是由立法者形成的:于是,这位杰出的学者指出了唯一可能的出路,即习惯是自主形成的。[19]

现在,我试着去揭示为罗马诺所忽视的几点,他之所以遭遇困惑[20]正要归因于对习惯欠缺思量。

根据这位巨匠的表述,主体们(其事实与行为"源起"了习惯)是权力的最初的享有者,这些权力从未由他们永久地传递给某人,亦未从他们身上被永久地剥夺。在他的理论里面出现了一个权力的享有与其行使的混同。哪怕是最专制的暴君亦不得剥夺人民对这权力的享有,而只能获得其行使,哪怕如此,也是不完全的:总是存在着若干展现,与这里谈及的(通过决断行为的)法的习惯式形成相关。立法者也受到现实的制

约,法的技艺性与人之需求亦是现实的组成部分。[21]意大利法就有一个例子。宪法排除了以习惯的方式去形成法。[22]但是,近年来,却通过这种方式形成了若干新型合同,这里详加考虑的融资租赁就是其中之一。罗马诺[23]也没有考虑法的技艺性及其相关的意涵。法是由人作成的,[24]以满足持续地调整(Cottidie)一项基本的人的需求,它还可以进一步展现为若干具体的需求。[25]一个共同体的成员,在共同体中,是原初的——而且原则上是平等的——权力持有者。当他们主张变动与革新此刻已经作成的法以满足那些逐渐出现的新需求的时候,他们会毫不迟疑地行使这些权力以实现此目的,而不会去等待立法者的介入,谁知道他们是否以及何时介入。这一切回应了"善良与公正"以及这条与之冲突的禁令,它不可能有也确实没有强制力量。因此,宪法关于通过习惯创制法的禁令并未阻止新型合同的形成(以及更为一般的习惯的展开)。我们可以一再地揭示出,这些合同的研究者就仿佛压根儿不知道这道禁令一般,以立法之外的方式引入它们。

在罗马诺眼里,"非意愿性的法"以及"自发的法"的表述是重合的:在后者,形容词"自发的"所承载的意思是"自然的,独立于人的活动";相反,在其他学者看来,"自发的法"的语段展现出来的含义,与"自发的"在其另外的"从人的最深处的意愿中发端出来的,没有外部的强制与压力"这一含义,毫

九、融资租赁合同的诞生与法的习惯式创制

无干系。

从这个视角出发,鲁道夫·萨科(Rodolfo Sacco)将自发的法表述为"没有政治权威的介入、没有求诸内心的启示而生成的法,外在于法学家——法官或者智者——的强制影响"。[26]然而,很难将人民[27]——主权的保有者——从政治权威的概念中排除出去。习惯的形成"外在于智者——法学家的强制性影响"这一说法本身并不为错;可是它却无视一个确实存在的、且在习惯的形成中发挥着不可或缺之功能的组成部分:在意大利法中(以及其他经历相同历程的那些国家中),没有法律专家的支持与建议的话,融资租赁合同是不会形成的。总体上,立法性质的强力因素、作为人民之成员的诸公民的众有因素以及必要性并非最低的来自法学专家的智识因素汇聚在一起,共同致力于习惯的形成。[28]

即便是萨科也没能摆脱"法律的学说"的影响,他也忽略了法的技艺性。

萨科写道:讨论习惯的"合法律性"(legittimità)就如同"讨论语言或者某种饮食的合法律性一样"。[29]这个问题呈现出两个面向。这个词(合法律性)表达了一个有关习惯的本质要件。也就是说,在当前的立法论视角下,习惯应当表现出来的、并且与其他"术"(artes)的类似要求——它们之间亦各不相同——不同,例如萨科提到的语言与厨艺。在这里对"合法律

性"这个标记的使用,乃是对——虽然被忽略了,这是显而易见的——"法律的学说"的阐发。不论是习惯还是法律,均为法的渊源,[30]正在谈到合法律性的地方,其实应当呈现的要件是合法性(giuridicità),正如我在其他地方写的那样,其结果是,就法律而言,除了形式、符合"善良与公正",还要有合法性;如果没有这些内涵,外在的形式虽然还在,却没有法的不可少的实质。[31]

萨科基于意识形态的前提——这与现实脱节了——对习惯的合法律化(legittimazione)问题进行了理论化,即"习惯"是"独立于权力的渊源"。我们在这里也看到了对"法律的学说"[32]的仰赖,优士丁尼打算用它来实现 leges 对 ius 的替代。就像萨科自己强调的那样,为了规范人类群体的目的,习惯已经存在了无法记忆的时间段,从未消亡过;而同样为了这一目的的法律,被制定出来则是相当晚近的事情。[33]如前所述,法的创制才是主权的至高的特权,以此种还是彼种具体方式创制,并不重要。根据这个我正在批判的论点,法的官方创制仅限于立法性质的渊源,因此,这表明习惯"相较于创制法的权力",是一种"自主的渊源"。

需要指出的是,意大利的制宪者紧跟"法律的学说",早已无视法的形成,唯独考虑法律的形成,[34]并且排除了法的习惯式形成,只不过我们已经看到,没有成功罢了。

九、融资租赁合同的诞生与法的习惯式创制

国家的这部根本大法与理论界在意识形态上一致不承认习惯在现实中的无法压制的角色,即便它对于所有人都是清楚无疑的,这种不承认源自优士丁尼的"法律的更易"。

萨科如此来解释对习惯的合法律化:它"的前提是一个由人们组成的社会,或是所有人都平等自由地对规范给出同意,[35]或是他们的权利有所不同,其中一些人(主人、霸主)发愿,另一些人(从属者)遵从,因为他们也别无他选。在前一情形中,则是由自由人之间的原初的均势(parità)作成的,其最先的史前的模式就是兄弟之间的均势……"[37]在后一情形中,法的合法律化[36]是由强力作成的。

如果学识有限的我没有理解错的话,萨科的思想循着优士丁尼《法学阶梯》的轨迹,对习惯的形成默然不语。萨科在谈到前一种情形时提到的"对规范的同意"(含蓄地表现为习惯的性质)以及"法的合法律化"(依旧含蓄地表现为习惯的性质)均表明了这一点,在后一种情形,亦是如此。

与"法律的学说"关联的是尽其可能地使法的创制[38]集中于立法者之手,不仅如此,还要将人民从中完全排除出去。在这个视角下,自发的法不再是不受外在影响的人的造物,而不过是——如果它不是自然造物未经人的干预的话[39]——如罗马诺和博比奥展示的那样,规范性事实(fatto normativo)罢了。萨科所说的后一种情形还有两点要说明。占据支配地位

的人民将自己的法施加于受支配的人民头上,这可以是习惯式的,也可以部分是立法性质的。正如之前对暴君作的观察,占据支配地位的人民不会剥夺受支配人民对于主权(生活在群体中的人们的自然而然的特权)的享有,[40]而仅仅是——并且从来都不是彻底地——剥夺其行使。举个例子,犹太人受到埃及人的支配,[41]通过固有习惯的发展,在某种程度上保留了自己的法。[42]

萨科在他的书中用了专门的一段来谈"沉默的渊源"(fonte muta)问题。[43]他对那些用来指示习惯的词语并不满意,[44]于是,他发明了"沉默的法的表述"。[45]由于它与现实不符,我既不能接受这个新的术语表达,也无法苟同它背后的理念。

萨科使用形容词"沉默的"强调,在他眼里,习惯里面没有的什么,因而也就无视了它里面有的什么。沉默的法是不成文的法,[46]因而是口头发布的。至于独立的沉默的行为(atti autonomi muti),他说的是"非表达性的,因而沉默的"[47]行为。

我们先来看占有,它是萨科提到的独立的沉默的行为中的第一个例子,同时也是一项法律制度:一种规定在当前民法典中的取得所有权的方式,[48]因此,与习惯无关。

捕获(至少在过去,这般自由地捕是受到允许的)一头野生动物——死活不论——(无主物)的那个人,将其作为自己的而带回家里,什么也没说——即便说了什么,也无关紧要。

九、融资租赁合同的诞生与法的习惯式创制

他当然没有通过言辞——甚或是通过文件——来表达自己的意愿,可即便如此,他通过自己的行动(comportamento)明确地将此等意愿表示出来:他想采取行动,将捕获之物据为己有。法所在意的,不是他的默然不语,而是他通过行动表现出来的意愿。萨科是没办法在本身无意义的东西上建构自己的理论的,他应当在有意义的东西上这样去做。[49]

前面说过,现行法规定了先占,但它却是通过习惯形成的。盖尤斯教导自己的学生,它(先占)的形成发生在万民法中,依据的是自然之理(naturalis ratio)。他接着强调,我们之所以取得先占之物,[50]是因为在此之前,它们未曾归属于过任何人。[51]

在这个问题上,现行立法对这一制度的规定模糊了我们的视线,在更广的层面上,没有考虑到"法律的学说"的空洞的根基也导致了这一结果;人民将自己一切的权力都交给了皇帝大位的说法——由优士丁尼通过立法规定,一方面,它通过所谓的受命于天以及对神圣天命的襄赞;另一方面,通过处以极其严苛的刑罚,排除一切反思与批判——是假的。与之相反,亦如萨科也揭示出来的那样,真实的情况是,就我们的主题而言,在任何时间和空间中,各个人类群体的成员均通过习惯的方式来创制法。

盖尤斯看得很清楚,这种类型的创制发生在——发生过并

习惯与新型合同:兼论法的技艺性的回归

且将继续发生——人的群体存在的地方。它是以下观点的表现:原则上,人都是平等的,都是此等权力的承载者,在俗世的现实中,为了实现和平共存,这些权力应当受到规制,正如自从极为久远的时代以来,人们对无主物实施先占、对自己的物实施互易。[52]

如果将这些脱离现实的概念传递下去,且看看后者,这个将习惯看作沉默的法的理论还呈现出其他明显的——在我看来不可接受的——意蕴。违背过去所发生的经验——今日也一样,这种理论将排斥那些需要口头形式或者书面形式或者有时用这个形式有时又用那个形式的交易行为(atti negoziali)能够经由习惯形成。我且指出古罗马法的几个例子:要式买卖(mancipatio)、要式口约(stipulatio)、债权眷账(nomen transscripticium)以及称铜式遗嘱(testamentum per aes et libram)。所有人都承认它们的要式性质,以及它们都是通过习惯形成的:正如罗马人说的那样,它们不是由法律(legibus)所立,而是通过习惯获得接纳[recepti(o inducti o introducti) moribus(rebus ipsis et factis),通过决断行为]。[53]我们为当代法高声呼唤新型合同,因此写下本文。萨科及其门徒否认它们是通过习惯形成的,这似乎要归因于至今依然在发挥作用的"法律的学说"的影响,它一方面抹去了由市民(cives)赋予习惯的形成性要素(elemento formativo),另一方面也抹去了由法学专家提供的

九、融资租赁合同的诞生与法的习惯式创制

激发因素。同样地,由人民直接以法律方式来创制法,这在具体经验中是欠缺的,也进一步加重了维持这些当代观念的难度。根据《意大利宪法》的规定,人民对主权的直接行使限于举行全民公决,学说忽略了它的创新新法的因素——尽管它一直存在且具有约束力,这类公决显得根基不牢,倾向于为政治力量所否定。[54]尤里安已经完成了对人民引入新法的理论证成,它在我看来是无可指摘的:在立法会议中(由会议的诸位个体成员)就此等法投票,与(由诸位单个的公民,基于事物的力量,"通过事实本身和行为")通过决断行为作成此等法,两种方式珠联璧合。我认为,任何评论都不会比这位罗马法学家对于"由习惯引入的法"(ius moribus introductum)与"法律"(leges)效力同等的证立更加到位:"事实上,因为这些法律不是因为任何其他的原因约束我们,而只是因为这一事实:它们是经由人们的决定而获得接纳的。于是,人们没有书面文件但已经批准的也理所当然地要约束所有人;其实,如若人民是通过选票,宣明自己的意志或是通过事情与行为这样做,又有何区别?于是乎,十分正确地,这也获得了接纳:法律不仅会通过立法者的选票被废除,也可以通过所有人的沉默的同意而脱离使用(desuetudine)。"[57]

在现实中,法的习惯式创制未曾消亡过;它的本质特征没有改变,尤里安对它的理论化——今天仍然保持有效——牢牢

地把握住了它们。

就像在融资租赁合同的详尽例子中展示的那样,一方面,它的形成不可归于预先规定其格式内容的法律官员;另一方面,也不得归因于学理的建构、法官的判决、立法者的介入,它们均发生在公民们将其缔结并产生效力之后。循着尤里安的路子,我们可以发现:

——人即便已堕入奴役状态,依然保持了自己的独有特质(作为思考与言谈的存在[58])。

——构成人民的诸公民通过宣示或者通过决断行为表达自己的意志,无论哪一种,都是个别表达的。

——在缔结一项(之前未为法律规定的)新型合同时,各方当事人一方面是作为对其缔结具有利益的人,另一方面则是作为享有发布新法之权的共享者的公民而行动的。事实上,他们通过缔结新型合同——如同立法者规定的那些合同一样有效、有力——他们展现出使其在系统中安身的意愿,并且有权力通过普遍化的缔结而将其引入其中。[59]

——相较于与其对应的在实际或是拟制的立法会议上表达出来的宣示,前面提及的"通过事实本身和行为"式的意志表达,并不会当然地欠缺严密、不够集中。[60]

九、融资租赁合同的诞生与法的习惯式创制

将现实纳入考虑并不会产生疑虑。新型合同已经由公民在法学专家的启发下被创造出来,并将其引入到体系之中。前面说过,它们当中的第一批已经是有效的、有力的。它们的普遍运用则使其成为现行有效的法的要素,与立法者规制的合同如买卖、委任、使用借贷等并驾齐驱。立法论的视角无法抹杀历史:即便是目前由法律规定的那些合同,大多也是通过习惯而形成的(大多数都是由习惯引入到古罗马法中的)。

对尤里安的理论化提出最为深思熟虑的反对意见的(尽管没有点名)是罗马诺,[61] 在他看来,"从一个个的事实与行为中"习惯"由之而生,它们可以是意愿性的,但这不意味着它本身应当被认为是意愿性的……" 当然,这位大家采纳的"法律确信"的要件,并不意味着意志这个"确信"什么效果也不产生。但是,这个要件是对优士丁尼视角的一个限定(在澄清释明的意图上),后者认为,习惯的作成既非由立法者所为亦非由公民所为。在预先存在(preesistenza)与自发形成(二者)之间如何抉择,优士丁尼[62] 没有说。罗马诺选择前者,他写道:习惯"是自发形成的规范,没有一个特定的导向这一结果的意志,于是其形成可能是无意识的/几乎无意识的"。接下来,并非没有矛盾地,他解释说习惯"是自动地形成的……由它从其所出的事实和行为的集合、由它们的一致与反复发生、由传统的力量所组成"。看来,很难将自发形成与它源自某些事实和

习惯与新型合同:兼论法的技艺性的回归

行为调和起来,同样困难的,是将其与对传统的仰赖调和。[63]对于我们确定的是,那些最开始使用融资租赁合同的人,并未受到"法律确信"的指引。他们当时已经知道(或者其律师已经告诉他们),可以通过使用此前已经存在的合同方式来达到自己的目的,就像前人所做的那样。但是,他们却选择使用新型合同,因为它不仅仅是从银行以外获得融资,因而能提供更好的前景。内在于新型合同的选择和缔结之中的,是认为它应当获得法体系认可的意志。当此等意志习以为常地通过由利害关系人缔结新型合同这种决断行为而表达出来的时候,它本身也就获得了法体系的接纳。

前面提到过,罗马诺的理论没有解释新型合同是怎样形成的。原因就在于它接受了优士丁尼在对"法律的学说"进行理论化时对现实所做的伪造。在它的根子上可以看到将"法之技艺"(ars iuris)保留给皇帝,这也是其作为神事与人事之一切权力的双重化身的结果。

对于皇帝以外的所有人而言,法不再是一项技艺性的要素,而是现已存在的、由皇帝发布的法律(leges)构成(就像今天说的实在法)。杰尔苏基于技艺性而对法所作的定义由此被弃置一旁,甚而被嘲弄,无论是在理论还是实践的层面上,都被涤荡一空。就习惯而言,它不是由皇帝的权威作成的,"法之技艺"保留给后者便具体表现为将那些曾经合力汇聚(以及

九、融资租赁合同的诞生与法的习惯式创制

依然在发挥合力的)在一起形成习惯的元素抹除掉:法专家的智识支持以及市民——主权的承载者——的意志的形成性力量通过决断行为表达出来。现在聚焦的结论,即习惯——典型的文化元素——是自己形成的,可谓无比荒谬。

法律科学一方面应该考虑到优士丁尼为了证成将一切权力归于皇帝大位而带来的意识形态方面的失真紊乱,另一方面要在这里寻回杰尔苏与尤里安的与现实相符的理论建构。[64]根据前者的理论工作,毫无疑问,法是一项技艺性的要素,于是乎,它既是科学的建构又是实践的活动,它的此等属性与其紧密相连,不可无视。可是,在过去的几个世纪中,这样的事情却发生了,于是应当考虑到这一情况。同样确定的是,正如尤里安所做的理论工作那样,法的习惯式形成乃是公民们——人民的组成者——的主权的展现,于是,与此相应地,属于现实的这一面也不得被抹去,而优士丁尼却这么做了,而且现在的理论仍然循着他的路子还在这么做,这一情况同样应当获得考虑。

前面说过,根据《意大利宪法》的规定,在立法之外是不应该形成新型合同的,[65]可是,它们却通过习惯形成了[66],并且无争议地被当作与法律规定的合同一样的有效、有力。似乎无法否认,在现实的法和法律科学之间存在偏离,其原因就是对法的技艺性的抹除,它正是法之技艺的根基,它是无法被消减

习惯与新型合同:兼论法的技艺性的回归

的——立法者就像学术界和法学家一样,也不得不在一般与抽象规定的层面上去适用其标准。我只详细论述与此相关的一点。立法者并不是全能的,不过也是人世间诸多限度的一部分。具言之,它(例如,意大利议会[67])没有能力及时地对在人与人的关系之中逐渐浮现出来的必要的修改与更新在规范层面上予以应对。在当前阶段的意大利法中出现的通过习惯形成的新型合同就此提供了一个无法辩驳的证明。当然,将一般与抽象的规范从系统中消灭掉,这是无法想象的,而它们在最初的人类集合那里也并不存在,其创设正是平等(uguaglianza)的体现,客观上有利于在全体成员之间实现平等。但是,一样地,人们不得不就个案创制法,就像过去和现在的经验显示的那样,在本书中,它表现为法的习惯式创制。[68]

同以往一样,要由学说[69]来共同促进从意识形态的桎梏中获得解放,在理论与实践两个层面上寻回不可或缺的法的技艺性以及法之技艺。[70]

九、融资租赁合同的诞生与法的习惯式创制

注 释

[1]近期在意大利已经形成的新型合同有几个。形成于美国普通法中的融资租赁合同已经为许多包括大陆法系国家在内的别国所接纳。还存在国际性的融资租赁合同,前文脚注83所引的规范就是调整它的。就罗马法本身而言,它多个世纪以来研究得最多,迄今为止却没有说明白许多合同是如何习惯式(而非法律式)地一步一步形成的,一如大多数法律制度的命运。举例而言,我认为合意式买卖的习惯式形成,相关研究可以让我们知道裁判官的工作是如何介入其形成的(此等研究关于铜衡式遗嘱方面的开启,参见 F. Gallo. Interpretazione, cit., p. 97 ss.)。我们可以发现,习惯式形成是一个收获不多的领域。在本书中(我不确定会不会有续作)我追寻一个特定的相当雄心壮志的目标:在法科学之中,通过毋庸置疑的法的技艺性视角来促进对习惯的反思。

[2]在当前的语言中,人们时常说"法律专家"。这个词——如同其类似物:法律官员、诉诸法律等一样——是对留存在语言之中的"法律的学说"的生动表述。最先建议利害关系人缔结融资租赁合同的专家,是法的专家,而非法律的专家,法律是不知道他们建议的这种合同的。

[3]在意大利,关于融资租赁的第一个判决是维杰瓦诺法院1972年12月14日作出的。法官就该问题的第一个判决可以追

溯至此前二十年：参见 G. De Nova, *Il contratto di leasing e controllo delle condizioni generali del contratto*,对该判决的评述, in *Riv. dir. comm*., 71 (1973), I, p. 329 s., nt. 1.

[4]我对银行并不多的了解使我相信，不依靠它们而获得融资，这是值得期待的。需要补充的是，融资租赁合同基于其更好的灵活性，相较于买卖合同和租赁合同，更加适应企业的根本需求：我指的是它提供的规范化的诸种选择、它的预定失效、它的规划将来事项的目的：其生产活动的维系、更改、终止。合意式买卖在其产生的年代，相较于要物式买卖（物与物的交换，以及之后的物与金钱的交换），也提供更好的灵活性并且更好地适应了商业交往的需求。它使合同（以及通过已完成的事务）得以缔结，即便出卖人此时并未支配出卖之物以及/或者买受人对约定的价金。法做好了准备，以满足在人与人关系中呈现出来的各种需求。但是，正如历史所展现的那样，不可能等着立法者去满足所有的这些逐渐呈现出来的且不断变换的需求。许多需求之所以获得满足，是社会成员通过习惯来达成的。（法官的判决，也因为拖沓的诉讼程序，大多无法回应意大利法中的此等需求。我在2012年5月初从中央法院委员会第八处-米兰收到了一份针对"ILOR 1977"的"请求对上诉的处理"的通报）。

[5]相关的引用情况（至1982年）参见 Buonocore, Leasing, cit., col. 796 s.

[6]始于1988年的 Rivista italiana del leasing e dell'intermedi-

azione finanziaria。

[7] G. De Nova 在对该案判决的评释中将案情概括如下（Contratto di leasing, cit., p. 329）："一家鞋厂需要购入一批设备，它没有直接向厂家订购，而是从一家金融公司那里获得了这些设备，而这家公司成为了设备的所有人，而后依据该公司拟就的一份私文书（scrittura privata）将其交给鞋厂使用。鞋厂没能履行两次月供，于是合同明确规定了的解除条款便生效了。取回了设备的金融公司主张对方支付这两期的款子；鞋厂（通过破产管理人）"提出反对，并且主张返还截至此时已经支付的月款。法院认可了金融公司的要求，且驳回了返还截至此时已经支付的月款的主张"。

[8]"金融租赁活动的意思是将动产或不动产租赁出去，它们由出租人购买或者创造，依据的是承租人的选择或者指定，由他承担一切风险，并且有权在租赁期间届满之后支付一笔预先确定的费用，而后成为财产的所有人。"

[9]亦见后续的第4款、第5款，它们结束了这一条。1965年11月28日第1329号法律已经牵涉了融资租赁合同。参见第1条："任何意欲保留所有权或者按批次/可推迟支付之方式而为出售，或者以保留选择权，或者依据租金、新的机械，或者产品总的价金不低于500,000里拉的支付而转让给承租人所有权之协议的方式出租之人，只要他打算享有本法的利益……"

[10]根据前述1965年第1329号法律（第1条）的规定，融资

租赁属于租赁,至少没有以明确的方式被作为一个制度或者一个特殊的种类。

[11]学说有助于藉由习惯式形式来达到法的创制(包括与其相关的概念构建),这正是古代习惯式接纳的延续。根据各项原则,法官不是主动地介入到融资租赁合同中,而是基于合同缔约方中的某人的启动(起诉),就诉讼当事人提交给他们的请求作出判决。

[12]参见 F. Palazzi, Novissimo dizionario della lingua italiana, Milano, 1960, voce private:这个符号被用作名词时指的是"一个不考虑其公职的人"。不如说,市长或是部长,既作为私人也作为公职的承担者,同样,公民也是既作为私人也作为主权的承载者(共同权利人)(该原则于此处发挥作用,而非在各个身份下的行为的不同的频率和数量)。

[13]第一个根据"法律的学说"对习惯的理论构建是由优士丁尼最高效、最信任的几位编者在其《法学阶梯》中完成的。前面说过,他们将组成人民(populus)的社会成员从形成中排斥出去,仅仅将 uso 归于他们。看起来,习惯(作为文化-技艺元素的整体的法)自我形成的观念(奇迹)已经隐含于此。

[14]它有过且依然有强有力的支持者,他们似乎大多丢掉了这位西西里大家的穿透力。该论将根基立于与现实不符的情况之上,因而有损。

[15]这些罗马法学家欠缺对于优士丁尼所为的以"法律的学

说"取代"法之技艺"一事及其后果,及其在罗马法系之中的持续存在的理解。

[16]被省略的那段说:"不仅对于使用它们的那些如此,对于立法者也是如此。"

[17] Santi Romani, Frammenti, cit., p. 66.

[18]因此,必然先于他们而存在。

[19]人们查明,这个意识形态导致不仅看那并不存在的,还去看那并不可能存在的。

[20]至少在我看来如此。

[21]人天生是平等的,即便在他们联合起来、组织起来的群体(从部落到国家)中,依然如此。立法者确立、认可的奴隶制,极大地损害、扭曲了人的自然平等,却仍旧未将其消灭(奴隶们依然是人)。

[22]众所周知,《意大利宪法》没有(像其他宪法那样)规定习惯,然而在我看来,它亦未曾将其取缔。第1条第2款在宣示主权属于人民之后,规定人民"在宪法的形式与限度内行使它"。法的创制乃是宪法的一项特权(最大的特权)。(即便是在这样的视角之下,那些认为习惯自我生成的理论亦显惊人。)在思考这个问题的时候,有必要考虑到我们的制宪之父们比优士丁尼还要优士丁尼,在"共和国的基本法律"当中完全地将法与法律画等号。在法的创制方面,他们承认人民的唯一的直接体现就是全民公决(第75条,位于关于"法律的形成"部分)。参见 F. Gallo, *Che*

cos'è la costituzione?, cit., p. 33 ss. (= BIDR, cit., p. 372 ss.)

[23] 正如自优士丁尼之后的罗马法系的法科学总体上如此。

[24] 由单个的若干人或者由在不同时代、不同国家以不同方式结合起来的这些人的集合。

[25] 我们都知道,彭波尼在有关法学家的活动对于法的"日益完善"(in melius produci)而言是不可或缺的,片段 D. 1,2,2,13 中使用了这个标记。

[26] R. Sacco, Antropologia, cit., p. 179. 这个观点在意大利法制中已经出局了。我不知道将法官强有力的影响予以排除是如何与这位学者另一个出名的论断相协调的,根据它,新型合同"在法典之外是通过私人之间的磋商和司法裁判的筛查而被建构起来的"。这段话似乎意在避免点出此等合同之形成应归于它们的主体或者组织的名字。

[27] 组成它的公民们,且基于事理之性质,即便是作为主权的承载者,也总是单个地行动。

[28] 在抽象的宣示之外,"法律的学说"这一持久绵长的视角还忽略了法学家对于法的创制与法的发展的具体贡献。关于法官,见本节前文以及脚注 126。

[29] R. Sacco, Antropologia, cit., p. 140.

[30] 他们在意大利法中的并存可以上溯至罗马法时期,且就东部而言,还可大大往前推。

[31] 最近的,见 F. Gallo, Celso e Kelsen. pp. 71 ss. e 91.

[32]在阐释这个问题的时候使用的词汇"证成"（legittimazione）亦依赖它。

[33]易言之，习惯似乎从未在法秩序中缺席，即便没有法律也无妨。[关于二者在古罗马法中的协调（"法之技艺"的有待寻回的诸多产物中的一个），参见 F. Gallo, Celso, cit., p. 85 s.]。

[34]在宪法第二部分（共和国的法制）第一章（议会）的第二节（法律的形成）。

[35]正如从这个语境中明确得出的，是习惯式的。

[36]这里指的也是习惯式的。

[37]R. Sacco, Antropologia, cit., p. 140 s.

[38]在通常的表述中，为 leges 所替换。

[39]从天空中落下，或是反之从地上长出，正如近期在艾米丽亚地区沙滩上发生的事情那样。

[40]我认为，Sacco 也是认可它的，Sacco, *op. cit.*, p. 141.他在此处对"兄弟间的平等"的表述模式评论道"自然的证成（legittimazione），让人的脑子想到了古代游牧家庭群体内部的权利关系"。

[41]《圣经》，《出埃及记》，1, 8 ss.

[42]在塞维鲁朝，当将市民权赋予帝国的一切属民之后，专注于具体需求的法学家们构建了 consuetudo，作为一个次于法律及其平级法源的从属法源，如此一来，此后就可方便地将罗马法适用于帝国全部领域：既存的异邦人的法的诸要素于是可以作为

习惯而获得保留:参见 F. Gallo, *Le consuetudini locali*, p. 33 ss.

〔43〕Sacco, *op. cit.*, p. 179 ss. 关于第八章(法、思想、语言)的第 3 节(标题为"如何阐明沉默的渊源",开头便宣称"关于这个不成文法的名称的一个新的困境")。显然,在该部分频繁出现的"沉默的渊源"这个表述中,对这个术语问题的解决方案的期待,表现在从"沉默的法"这个记号展开的阐述中。

〔44〕除了这个术语(现行的《意大利民法典》追随优士丁尼《法学阶梯》的进路,以 usi 这个符号替代了它),这位学者还思考了"传统法""自发的法"(在他看来,它也是一个"阿基里斯之踵")。

〔45〕见 *op. cit.* Sacco 的观察是"只有他自己"以"赞同"的眼光看待这个表述。他还有自己的追随者。特别参见前引 La dimensione tacita (a cura di R. Caterina), R. Caterina 的作品 La dimensione tacita, cit., p. 4 ss,以及 M. Graziadei, La legge, cit., p. 54 ss. 这两位学者也考虑到了法的技艺性,不过总体上依然停留在"法律的学说"上面。我引用后者的两段话:(1)("习惯")"法""能够从遵守一项未发布的规范这一事实本身中发生"(*op. cit.*, p. 53);(2)"法律拒绝指明它认可其规范性效力的 uso 与习惯由什么构成。明确说明 uso 与习惯指的是什么的法律条文何在?假若法学家担负起确认习惯为何物的任务,此等沉默就会变得不那么刺耳?法学家以何种名义就这一点展开对话?"。第一段话重复的是之前已具体提到过的观点,它在一个不可思议的奇妙年代由优士丁尼《法学阶梯》的编纂团队提出,在他们眼里,习惯既非由立

九、融资租赁合同的诞生与法的习惯式创制

法者也非由共同体成员发布,而是在他们使用它之前就已经预先存在了。前面也说过,这些编纂者就习惯的形成留下的空白,已经由学说藉由并不令人感到惊异的(独立于人的)自发形成说这个发明给填补上了,它与其余的法一样,也涉及技艺因素。第二段话是对"法律的学说"的忠实运用,在它看来,学理的建构(以及,在优士丁尼看来,法的历史还原本身)亦可归于 leges 之列。Graziadei 辞藻华丽的追问说得再明白不过了:(立法者的)"这一沉默""法学家担负起确认习惯为何物的任务,就会变得不那么刺耳?法学家以何种名义就这一点展开对话?"如果他以及其他学者已经考虑了习惯的形成,在法学家们的引导下,在现实中是怎样的,他们就会同样感知到其在法的形成尤其是在概念元素的建构中(在规范里面,与准则元素一道)的不可替代的作用。目前,比方说,法律行为领域中的欺诈与胁迫的概念是由法律(《意大利民法典》第 1435 条和第 1439 条;它们早在优士丁尼的 leges 中便已然如此)确立的。尽管如此,它们的建构却是由法学家完成的。流传到我们这里的欺诈概念的核心可以追溯至拉贝奥,他界定恰恰与另一位大法学家(塞尔维乌斯·苏尔毕丘斯·鲁弗斯)相反:Ulp. 11 ad ed. D. 4,3,1,2. 一般介绍,参见 F. Gallo, Dottrina, cit., p. 364 s. [=Riv. dir. civ. 54 (2008), I, p. 710 s.]. 法学家对多种解决方案(最适宜的便可以于其中涌现出来)的建构以及利害关系人对它们的适用便构成了对法的有意识的技艺性的展开。

[46] R. Sacco, Antropologia, cit., p. 179. 作者在 p. 24 提到"系

统中出现的未被记录的情况"。

[47] Op. cit.,p. 183.

[48]第922条与第923条。优士丁尼法已经在立法层面上规定了先占。

[49]在我看来,表现在这部多人合作的作品的名称[《法的沉默维度》(La dimensione tacita del diritto, a cura di R. Caterina)]中的论理恰恰没有摆脱这个论述。法中的沉默,如果没有因为具体情况获得某种资格并且基于确定性的需求(我想到了双重的视角,一个未完成的行为或者一项未在规定期限内发出的意思表示),什么也不算。在这里面,算数的是所作成的行为,因为它表明了行为人不亚于口头/书面方式的意志。

[50]成为其所有权人。

[51] Gai., 2, 66-67:不仅那些通过让渡归我们所有的物品因自然原因而为我们所取得,而且(……)通过先占(……)它们先前不归任何人所有,比如所有在陆地、海洋或天空中被抓获的动物。因此,如果我们捕获了一头野生动物或一只鸟或一条鱼,那么它们就是在被捕获的那一刻成为我们的,并且一直是我们的,只要还在我们的看管下。

[52]它显然是原初人类社会中规范主体之间土地关系的两项制度的根本性意义。与此同时,人们已经众所周知地常常屈从于强力的花言巧语。罗马法学家基于实际的理由已经除去了万民法概念的本质,将产生于罗马的若干制度亦涵盖其内:最有名

的例子就是要式口约(stipulatio,在形式上不同于誓约sponsio)。

[53]在人的法经验中,以习惯方式创制法要早于立法方式的创制,在罗马法中,至少截至帝国时期,习惯式的接受一直是法之创制的常规模式。在 G. Bruns, Fontes iuris romani antiqui, Leges et negotia, 7ª ed. (a cura di O. Gradenwitz), Tubingae 1909, p. 1 中就可看到有关 leges regiae 的导言的以下注释: *Scriptore Romani omnia fere antiquissimi iuris vestigia, quae invenierunt, regum legibus tribuere censuerunt non inquirentes utrum vere legibus an moribus aliove modo essent introducat* …

[54]见前文"七、法的技艺性与作为规范事实的习惯学说"。

[55] Iul. D. LXXXIIII dig., D. 1,3,32,1.该片段的文本分析(在我看来,格外值得进一步的深化)参见, F. Gallo, *La sovranità popolare*, cit., p. 1 ss. [= *Opuscula*, cit., p. 779 ss.].

[56]此等缺位尤是具有多种不同的意义。

[57]所引的译文来自 Iustiniani Augusti digesta (cur. S.Schipani), I, cit., p. 97. 我也把简单明了的拉丁原文列于此处: nam cum ipsae leges nulla alia ex causa nos teneant, quam quod iudicio populi receptae sunt, merito et ea, quae sine ullo scripto populus probavit, tenebunt omnes: nam quid interest suffragio [legis latoris] [populi populus voluntatem suam declaret an rebus ipsis et factis? quare rectissime etiam illud receptum est, ut leges non solum suffragio legis latoris, sed etiam tacito consensu omnium per desuetudinem

abrogentur.(实际上,如果不是因为这些法律被认为由民众决议所接受的话,它们就没有任何其他理由来约束我们,因此民众通过的没有成文的东西也有理由对全体具有约束力。事实上,民众表达自己的意志是通过决议还是通过事实本身和行为又有什么区别呢?因此很正确地接受了这个原则:法律不仅通过立法者的表决而被废除,而且也可以通过全体默示同意的废弃而被废除。) 有关标记出来的"添加",参见 F. Gallo, *La sovranità popolare*, cit., p. 14 e nt. 39 (= *Opuscula*, cit., p. 793 e nt. 39)。要指出的是,在这个片段中有一个语言上的巧合:尤里安使用 receptae sunt 以及 receptae est 的表述分别指称"人民表决的法律"(leges suffragio populi)的发布以及它们因为"脱离使用"(per desuetudinem)的废弃。

[58]除了那些难免的不规则。

[59]在立法会议上,为了通过,也要求起码的投票者的多数。

[60]在我看来了,似乎没有必要将人民的代表者们进行的法的创制纳入考量,因为相伴而来的对全民公决式创制及习惯的贬抑,它趋向于被看作已经枯竭了。

[61]可能这位来自西西里的大家对于古典法学家的理论化并无直接的认识。然而,他已经在这里面看到了那个扰乱他自己观点的障碍,这一点意义深远。

[62]在落实"法律的学说"的时候,他们关心的是将两项元素(法专家的支撑和市民的创造力)从习惯中抹除,它们有碍于皇帝作为 leges 的唯一创立者与解释者的观念,而 leges 被理论和法

九、融资租赁合同的诞生与法的习惯式创制

律史认为已经被吸收进了法(除了 consuetudo 的边角料)。

[63]如前所述,习惯与其他由一代又一代人(法,如同其他的文化要素一样,都是认知的对象)传递下来的要素聚合,形成传统。[不承认现实,不落入矛盾似乎颇有困难。在科学层面上,矛盾是对共同经验(根据它,"谎言总是站不住脚")之情况的展开]。

[64]在此做一些澄清并非无益。接下来我不再追寻罗马法的诸元素,因为它们是这个法(我进行细致研究的对象)的衍生品,而是因为,至少在我看来,它们依然保有其有效性(validità)。无论是法的技艺性还是市民们对法的习惯式创制皆是如此。优士丁尼对它们的抹杀,已经在后续的传统中造成毒果,而我亦致力于至少是部分地揭示出它们。(我对于合意式买卖在古罗马法中的形成拥有等同于进入意大利法中的融资租赁(众所周知,它源于普通法)之形成的兴趣)。在那些值得追寻回来的诸元素之外,比如"法之技艺",罗马法还呈现出一些不值得如此的东西(比如说,家父针对子女的生杀权:历史学家可以仅仅说联系当时的文化、社会和经济条件来理解它)。我在自己对罗马法(以及当代法)的研究中可以毫无困难地展开自己的"好奇心"以及诸种认知。(参见 E. Stolfi, Quando la legge non è solo legge, Napoli 2012, p. 182)不仅面向所研究的具体的法,此外(或许还更多地)还触及法现象本身:对于人类在数千年中找到的用来确保在人的聚居群体中实现和平共居的工具,通过规范配备惩罚共同体成员之间的关系。补充一下:我也感知到那种将我的哪怕是最微小的贡献用

于其改良的冲动。时至今日,我明白此种冲动的根基(独立于实际上所施加的贡献)正是具有改良可能性的、技艺性的法,及类似的法。我不认为这类冲动可以被认为,比如说,对于一位医学史家或者一位住宅保暖设备的史学家而言,是不合时宜的。无论如何,对法的研究,如果符合现实的话,总是一项历史性研究,因为法是一项技艺性元素,它应当(也会)每日(cottidie)调适(而这,举例而言,并非我们的议会可以适当承担的任务)以适应人类世界永不停息的各种情况的变化。总之,我所理解的对罗马法诸元素的追寻既不等于也无意于将其恢复。比如,法的技艺性的追寻表现为认可且反思真实的本质,从而根除那源自"法律的学说"导致的抹杀所引起的毫无疑问的扭曲与错误。

[65]正如此前说过的那样,根据将习惯作为沉默的法的理论,为了与它们适应,将会把习惯式形成排除出去。

[66]在古罗马法中,人们将其称为法的习惯式接受。因此,我们知道,这种法的创制方式就其核心特征而言,得以未加改变地流传下来。

[67]在评价的时候,不考虑当前不正常的情况。

[68]也关于古罗马法中司法方式的那种,参见 F. Gallo, *Celso e Kelsen*. p. 82 ss. 亦见 p. 85 ss., 有关在古罗马法中,以一般和抽象方式的法的创制与那种在具体案件中的法之创制的相互补充。

[69]对于法学研究者,无关他们扮演的角色。

[70]我试着在这本小书中说明,对于法的技艺性(它实实在

九、融资租赁合同的诞生与法的习惯式创制

在的本质)的寻回,对于消灭那些出现在现行法和法学之中的诸多扭曲——它们也是优士丁尼已被人遗忘的"法律的学说"在意识形态上的遗迹——而言是不可或缺的。但是,此等寻回(如果确实可能的话)对于理解古罗马法而言更是必需的。若无视其本质,自然无法彻底地认识它。拒绝或者无视其作为技艺的定义(具有普遍价值)的话及其迥异于当代法的形象的话,是无法完整地了解古罗马法的。只要对优士丁尼的"法律的学说"的抹除在罗马法学界当中存在下去,便不可能将由它消灭的那些元素(法的技艺性即为其中之一)找回来。在我看来,这是无可争议的事实。我举一个例子:所谓"具有论辩性质的法",马里奥·布雷托内(Mario Bretone)最近就它做出了一篇卓越的作品:Ius controversum nella giurisprudenza classicam, in Atti Accademia naz. dei Licei, CDV-2008, Classe scienze morali, storiche e filologiche, Memorie, serie IX, vol. XXIII, fasc. 3, p. 755. 在最后一章"法制度的对话"(在该书的这一章之后跟着的是附录)第819页,他指出:"在争议中……罗马法学在其'古典'形式中的一项显著特征"。于是,他在指出"弗朗茨·维亚克尔有关(罗马)法学的遗憾""并未在其成熟期摆脱它的特征,这总体上是出人意料、没有道理的"之后,详细说明了他自己的思想,在他看来"法的争议"组成了罗马法学家遵循的"方法"。显然,这些话并不全然符合在第二章开篇之处所写下的(Fra retorica e giurisprudenza, p. 763):"众所周知,这个词组"具有论辩性质的法""不属于罗马法学; controversia

这个术语,为了指明内在的意见不一,也是与其说它稀有,不如说独特。"具有论辩性质的法"唯独在演说术实践活动以及博而不精的修辞学或者历史文献中出现……"我试着在力所能及的范围内归纳出要注意的那些情况。

——维亚克尔的观点谈不上出人意料:它从属于"法律的学说"(所追求的法的确定性,他认为其为 leges 所确保)。

——也在其他研究"具有论辩性质的法"的学者那里发现了"法律的学说"的影响。其中有 F. Bona, La certezza del diritto nella giurisprudenza tardo repubblicana, in La certezza del diritto nell'esperienza romana, Atti convegno Pavia 26-27/4/1985 (cur. M. Sargenti e G. Luraschi), Padova 1987, in part. p. 129 ss.我们不能说布雷托内就对此等影响免疫,他并未挣脱修辞学的视角。

——修辞学者的视角将罗马法(确切地说,只是其中较小的一块)作为"具有论辩性质的法"展开的思量自其而出,明确见于 Cic. de. or. 1,57, 241 ss.[须阅读全文,但我仅引用在我看来居于中心位置的一段;然而甚至在最有经验的法学家们中间都存在着争论的法的另一部分,演说家不难找到任何一个他为之辩护的那部分法的权威;演说家从他那里得到武器之后,自己便可以用演说家的胳膊和力量将它们投掷出去……(in eo autem iure quod ambigitur inter peritissimos non est difficile oratori eius partis quamcumque defendet auctorem aliquem inuenire a quo cum amentatas hastas acceperit ipse eas oratoris lacertis uiribusque torquebit…)]。

九、融资租赁合同的诞生与法的习惯式创制

——罗马法学家的视野则是法的技艺性,表露在其"善良与公正的技艺"的定义中。他们符合现实地将此等技艺分解在那些旨在确保人的集群之不可或缺的规则正是最能符合所宣称的"善良与公正"标准的活动的总和之中。

——在这儿,在法的技艺性的诸多含义中,其中有两个含义特别值得注意。罗马法明知通过一般的抽象规范的法的创制不适宜于及时满足在人与人的关系之中不断出现的、变化了的、需求,于是在它之外,还承认并规定了就个案而言的法的创制,有法律行为式的,也有司法裁判式的。就法律行为式的创制而言,由法学家主导,依靠的是具体的经验:一切解决方案都可自由作出并获得热烈欢迎,只要它们符合"善良与公正",在经过实践的筛选之后,其中(被认为是)最贴切的那种会得以流传。(类似的选择,比方说,也发生在发型和汽车的刹车上)。观点、建议和方案的多样性,在罗马法学家看来,被归入技艺性的视野中,对于他们而言,"具有论辩性质的法"这种修辞学视角是陌生的。

——只是没法在这儿展开我的论点,我仅指出如今仍然存在(尽管因为对法的技艺性的抹除而不甚理解)那样的含义,继续从修辞学的视角(与那种 iuris periti 的相对立)不恰当地说"具有论辩性质的法"。

译后记

当黄美玲教授征询我翻译意大利法学文献的意愿以及选题的时候,菲利波·加洛(1924—2019)的名字立马浮现在我的脑海中。接下来的难题是,如何从他自1952年首次学术著述发表以来的约140篇/部作品中进行艰难的选择。彼时,恰逢2017年《中华人民共和国民法总则》颁布不久,习惯被列为正式法源,我便选取了本书,原因无外乎以下三点。

首先,本书深层次地展现了习惯的意义。习惯是人民行使主权的体现。罗马法学家及其解释工作的重大意义已为我国学者熟知,盖尤斯和乌尔比安、保罗、帕比尼安的大名如今已经是国人学术创作中的常见词,钦定五大法学家的所谓"解答权"(ius respondendi)也在罗马法的渊源体系中占据一席之地。本书反思了法的解释与法的接受之间的关系。如果说前者的主角是知名/佚名的精英法学家,那么后者的主角就是如你我般的人民大众。人民通过习惯接纳新的法、抛弃旧的法,本身就是在行使自己享有的主权。法学家解释活动的产物最终是否得到认可,要看人民大众通过实际行动表达出来的意愿到底

习惯与新型合同:兼论法的技艺性的回归

认不认。这种法学家的解释与人民的接受之间曾长期具有的紧密联系自阿德里亚努斯皇帝时期松脱,并被优士丁尼皇帝以"法律的更易"(legum permutatio)宣告死亡,二者都失去了曾经的地位。自此之后,皇帝成为法律唯一的解释者与创造者,其臣民不过是法律的"用户"罢了。这种立法绝对主义的视角延续至今,只是将罗马皇帝替换为代议机关。"法律的更易"在加洛看来具有极其强烈的象征意味:它替代了此前罗马人的那种非专制的法的创制模式,我们有必要寻回这笔"失落的遗产"。

其次,本书展现了罗马法研究的当代价值。正如其标题所示,加洛在新型合同的形成这个特定问题下探讨寻回"失落的遗产"的意义与价值。亦如他在篇首不乏感情地表示,此书的缘起离不开现代法学者对罗马法研究提出的质疑,此等质疑本身就是优士丁尼"遗毒"的恶果之一。商事领域的鲜活实践曾经催生出融资租赁这种新型交易方式,且仍在继续。在新的商业模式持续涌现、新的如数据这样的生产要素不断诞生的背景下,自优士丁尼以来沿袭至今的主流的立法模式愈发捉襟见肘、应对乏力。法,都是被"立"出来的吗?面对这些挑战,与罗马法展开对话,有选择地采摘其方法、理论与视角,不仅可能,而且愈发显得必要起来。我国民法学者对于习惯理论的理解大多上溯至欧陆各大民法典,至多溯至启蒙时代,相信本书

译后记

的出版会为认识的加深添上一把柴。

最后,本书适中的篇幅决定了它是一本阅读友好型的作品。至少从20世纪70年代初开始,加洛开始研究习惯,本书是对这一持续50年的研究历程的总结。他于1971年出版《法的解释与习惯式创制·罗马法教程》(1993年增订再版,加上了副标题"包括法典化阶段的完全版")。除了这本专著外,他还在《罗马法中的习惯》(1979)、《在"习惯式"接受与习惯之间:习惯式形成从法的渊源目录中缺席的阶段》(2002)、《授予异邦人市民权前后的罗马法中的地方习惯》(2001)、《罗马法中的习惯式接受:一个有待寻回的遗落视角》(2008)、《未为人知的伟大习惯》(2013)中系统阐述了自己的见解。这些书籍/文章的标题已经显露出了许许多多我们会在本书中再次发现的观点、视角、关键词。除了最后一篇(如果考虑到出版的间隙与延沓),本书是加洛50年来研究习惯的较为言简意赅的系统总结,当然值得一读。

尽管译者付出了诸多努力,依然难以避免在两种语言的斟酌切换中使作者的奇思妙想褪色。更何况,本书是加洛长达50年的学术研究脉络中的最后一环。或由于篇幅与时间所限,或因为其他地方已经展开过思考,使这一环对于未窥其理论全貌的读者来说有些难解。此外,加洛在这本十余万字的小书中跨越古今、兼涉公私法,也为译者和读者带来不小的挑战。

当然，这一切都不足以构成译者为自己免责的正当理由，欢迎读者朋友指正你们必然将发现的或多或少的讹误。

徐铁英

2024 年 2 月 28 日于成都

著作权合同登记号　图字:01-2024-2971
图书在版编目(CIP)数据

习惯与新型合同：兼论法的技艺性的回归／（意）菲利波·加洛著；徐铁英译. —北京：北京大学出版社，2024.7
ISBN 978-7-301-34614-3

Ⅰ.①习… Ⅱ.①菲… ②徐… Ⅲ.①合同法—研究 Ⅳ.①D912.290.4

中国国家版本馆 CIP 数据核字(2023)第 212063 号

Consuetudini e nuovi contratti, by GALLO FILIPPO CARLO
© Copyright 2012-G. GIAPPICHELLI EDITORE-TORINO
本书原版由 G. GIAPPICHELLI 出版社于 2012 年出版。本书简体中文版由原版权方授权翻译出版。

书　　名	习惯与新型合同：兼论法的技艺性的回归 XIGUAN YU XINXING HETONG: JIANLUN FA DE JIYIXING DE HUIGUI
著作责任者	〔意〕菲利波·加洛（Filippo Gallo）　著　徐铁英　译
责任编辑	林婉婷　方尔琦
标准书号	ISBN 978-7-301-34614-3
出版发行	北京大学出版社
地　　址	北京市海淀区成府路 205 号　100871
网　　址	http://www.pup.cn　http://www.yandayuanzhao.com
电子邮箱	编辑部 yandayuanzhao@pup.cn　总编室 zpup@pup.cn
新浪微博	@北京大学出版社　@北大出版社燕大元照法律图书
电　　话	邮购部 010-62752015　发行部 010-62750672 编辑部 010-62117788
印　刷　者	北京九天鸿程印刷有限责任公司
经　销　者	新华书店 880 毫米×1230 毫米　32 开本　6.75 印张　118 千字 2024 年 7 月第 1 版　2024 年 7 月第 1 次印刷
定　　价	49.00 元

未经许可，不得以任何方式复制或抄袭本书之部分或全部内容。
版权所有，侵权必究
举报电话：010-62752024　电子邮箱：fd@pup.cn
图书如有印装质量问题，请与出版部联系，电话：010-62756370